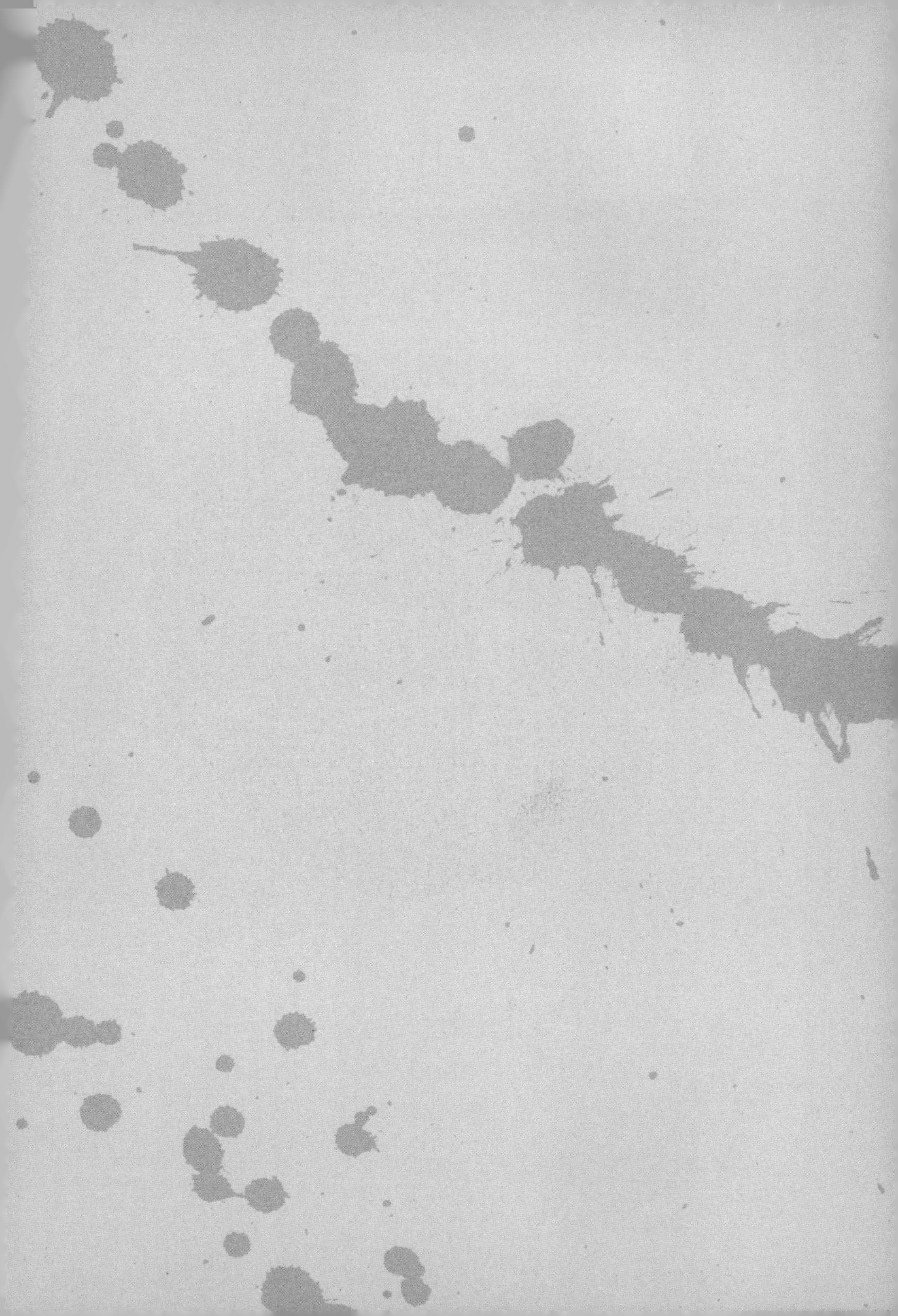

野人

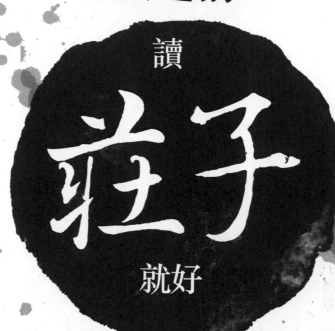

世界越亂，心越靜

讀莊子就好

Eastern Philosophy

Zhuang Zi

陳引馳 著

王爾德 *Oscar Wilde* —— **愛爾蘭作家**

莊子畢生宣揚「無為」的偉大信條，並指出一切有用之物的無用。「君子不得已而臨蒞天下，莫若無為」是他從老子繼承而來的準則。將行動化為思考，將思考化為抽象，則是他狡黠又玄妙的目標。

海德格 *Martin Heidegger* —— **德國哲學家**

莊子提出了「無用之用」這項洞見。人不用擔心無用（das Nutzlose）。無用性能讓一個人不受侵犯，並且永存不朽。因此，以有用（Nützlichkeit）的標準來衡量無用者是錯誤的。

卡內提 *Elias Canetti* —— **保加利亞猶太裔作家**

《莊子》同時涵蓋了蜉蝣之微與天地之大，這方面像極了卡夫卡，然而莊子說得更多——也因此更為複雜、深邃。

卡夫卡 *Franz Kafka* ———————————— **捷克猶太裔作家**

莊子的死生觀是所有宗教和哲思的根本問題。其中最重要的關鍵，是我們要掌握事物和時間的內在連結，並認識自己、深入自己的生成與消亡過程。

羅蘭巴特 *Roland Barthes* ———————————— **法國哲學家**

在西方，鏡子的本質是一個自戀之物：人們只是為了端詳自己才想製造鏡子；但是在東方，鏡子顯然是空靈的，**莊子曾說過：「至人之用心若鏡，不將不迎，應而不藏，故能勝物而不傷。」**（《莊子・應帝王》）……道家思想中有一種「什麼都不做」的懶惰哲學，也就是所謂的「無為」。

格雷伯 *David Graeber* ———————————— **美國人類學家**

「子非我，安知我不知魚之樂？」莊子說得對，我們的心靈只不過是大自然的一部分。我們之所以知道魚很快樂，是因為驅動我們思辨這個問題的，到頭來也是同一件事情——快樂。讀《莊子》不是很有趣嗎？

拉岡 *Jacques Marie Émile Lacan* —————— **法國精神分析學家**

精神分析大師拉岡，對老莊哲學有深入研究。不只是其中「空」、「無」的思想境界啟發了他的「匱乏」（lack）概念，**《莊子》著名的「莊周夢蝶」更深深影響了他的「自我」學說**，為心理分析和臨床治療帶來重大進展。

葛瑞翰 *Angus Charles Graham* —————— **英國漢學家**

莊子活得非常「他自己」，他生來就不受那些僵化思考的限制。**閱讀《莊子》有助於我們思考，並記下許多生動的思想。**

奧修 *Osho* —————— **印度靈性導師家**

莊子是一朵珍貴的花，是最難得的開悟者之一，甚至比佛陀或耶穌更加難得。因為佛陀與耶穌主張「有為」，而莊子強調的是「無為」。讓莊子的話語滲透你，那麼光是傾聽就成為一種靜心，光是傾聽就會改變你。

《莊子》是距今兩千兩百年的經典，也是道家思想最具代表性的著作。全書分三十三篇，共十餘萬字，載有大量神話傳說與寓言，其中，「井底之蛙」、「莊周夢蝶」、「鼓盆而歌」、「越俎代庖」等典故皆為世人熟知。西方諸多哲人、文學家如尼采、海德格、羅蘭巴特、王爾德、卡夫卡等名家，都深受《莊子》啟發。

莊子

《世界越亂，心越靜—讀莊子就好》目錄

Contents

彼亦一是非，
此亦一是非。

小惑易方，
大惑易性。

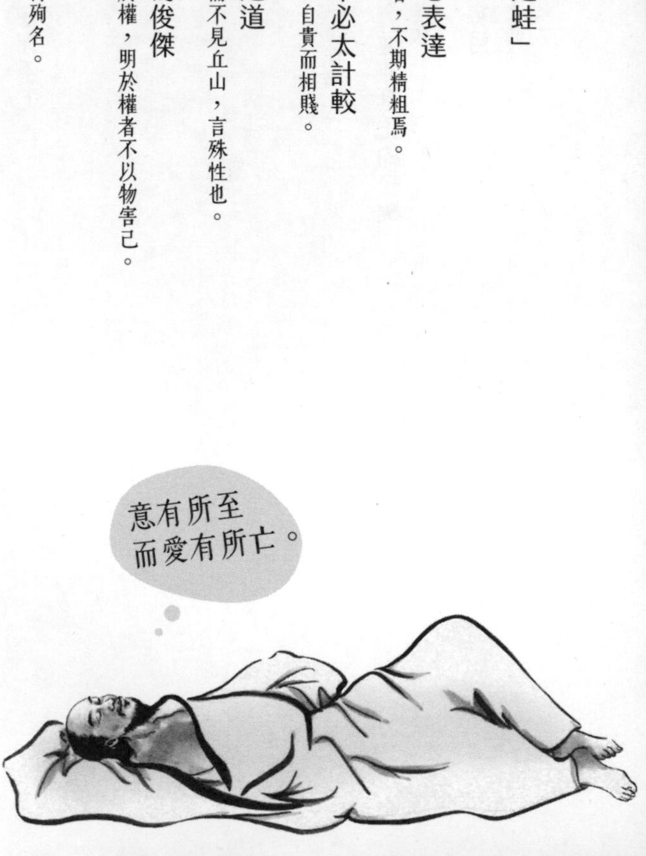

意有所至
而愛有所亡。

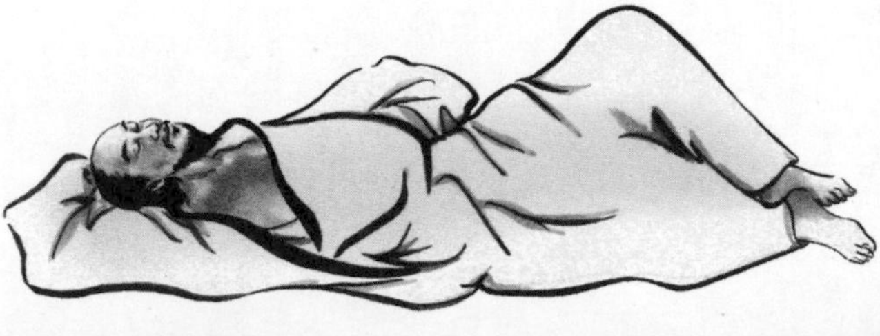

方其夢也，
不知其夢也。

前言・莊子能和魚說話嗎

人們往往有個偏好，讀了一部書，還很喜歡了解寫這部書的人。按照錢鍾書先生的說法，就是吃了雞蛋，還要認識那隻下蛋的雞——那是有一次他在電話裡對因為讀了他的文字而更生拜見之想的人說的話。

這樣的情形，在多少年來讀《莊子》的人那裡也時時發生著。他們總是說莊子如何如何，如見其人，如聞其聲。

做為一個生活在戰國時代的歷史人物，莊子的真實形象，其實很是模糊。古代第一篇莊子傳記，出自其身後近兩百年的漢代大史家司馬遷。《史記》中的這篇傳，實實在在涉及莊子生平的材料只有推辭楚王請他去做官這一樁事，而這事情的原委，《莊子》的〈列禦寇〉和〈秋水〉兩篇都有記述（參看第194頁「曳尾塗中更勝萬千尊崇」篇）。

既然司馬遷沒有提供更多莊子的生平故事，如今人們樂道的種種，都是《莊子》這本書告訴我們的。但是《莊子》裡面的莊子事蹟，就是實錄嗎？至少不是全部。如果完全信以為實的話，請讀這麼一個故事：莊子有一次走在路上，聽到有呼叫的聲音，回頭一看，車轍中有一條鯽魚，莊子便問是怎麼回事兒。鯽魚於是請求莊子弄些水來救命。莊子說：好吧，我正要到南方去，那兒水多，我引來救你吧。鯽魚生氣了：我只要一點兒水就能活了，你竟這麼說，那還不如就到賣枯魚的市場來找我吧！（《莊子·外物》：莊周家貧，故往貸粟於監河侯。監河侯曰：「諾。我將得邑金，將貸子三百金，可乎？」莊周忿然作色曰：「周昨來，有中道而呼者。周顧視車轍中，有鮒魚焉。周問之曰：『鮒魚來！子何爲者邪？』對曰：『我，東海之波臣也。君豈有斗升之水而活我哉？』周曰：『諾。我且南遊吳越之王，激西江之水而迎子，可乎？』鮒魚忿然作色曰：『吾失我常與，我無所處。吾得斗升之水然活耳，君乃言此，曾不如早索我於枯魚之肆！』」）

莊子真能和魚說話嗎？大約可以這麼說，玩味《莊子》所記載的數十則莊子生活的片段，雖然或許其中有莊子本人生活的影子，但更是所謂的「寓言」。《莊子》，以文字構造了一個生動的「莊子」形象。這是一項文學的創造。

既然這樣，我們關注的中心，顯然應該在《莊子》這部書而不在「莊子」這個人，因為即使想更多了解莊子的生活，你能知道的也不會更多了。思想家的傳記就是他思想的歷程，文學家的生活就在他的文字中。

所以來讀《莊子》吧。

比天空更廣闊的，是人的心靈

北冥有魚，其名為鯤。

今天我們祝福別人前程遠大，常常用「鯤鵬展翅」或者「鵬程萬里」這樣的成語。它們的來歷就在《莊子》這部書，在開篇的〈逍遙遊〉最開始，只要你展卷，便即刻映入眼簾。「北冥有魚」這節文字，令許多人醉心，大概是因為其展現的宏大境界：你想，數千里之大的鯤鵬，一飛沖天九萬里，鯤鵬的天地得有多遼闊！

不過，從現實立場來說，不可能有數千里之大的動物，無論是魚還是鳥；也不可能高升到九萬里的高空，那裡已然超乎大氣層之外，鯤鵬將艱於呼吸視聽。那麼這個開篇意義如何呢？

既然這不是現實的情形，那應該說主要是一個精神境界的形容。你感覺到隨著鯤鵬的高升，自己超脫出了平常的世界，跳出日常的格局。這是空間維度上的極大拓展。

那麼這是真實的嗎？雨果的話或許可以做為一種回應：「比大陸廣闊的是大海，比大海廣闊的是天空，而比天空更廣闊的是人的心靈。」**心的世界是至大的，只是一般人們忘了去展開它而已**。

當你超然上升到一個更高的境界，原來的一切本身並沒有改變，但它的意義卻不同了。《莊子》記有一位戴晉人說的寓言：在小小的蝸牛的左角上有一個國家，右角上也有一個國家，兩國之間不斷爭戰，死者成千上萬。（《莊子・則陽》：「有國於蝸之左角者，曰觸氏；有國於蝸之右角者，曰蠻氏。時相與爭地而戰，伏屍數萬，逐北旬有五日而後反。」）在蝸牛角上的這兩個國家看來，所爭者自然非常要緊，不惜付出慘重的生命代價；然而在我們看來，這樣的廝殺實在可笑得很。為什麼有如此差異？因為我們站在一個更高的立場上觀照。同樣的道理，如果站在鯤鵬高飛所在的宇宙立場回顧有限格局中人類的種種作為，不是一樣很可笑嗎？

這不是退一步海闊天空，而是「欲窮千里目，更上一層樓」之後的心胸豁然開朗。

《莊子》原文

北冥有魚，其名為鯤。鯤之大，不知其幾千里也。化而為鳥，其名為鵬。鵬之背，不知其幾千里也。怒而飛，其翼若垂天之雲。是鳥也，海運則將徙於南冥。南冥者，天池也。《齊諧》者，志怪者也。《諧》之言曰：「鵬之徙於南冥也，水擊三千里，摶扶搖而上者九萬里，去以六月息者也。」——〈逍遙遊〉

今譯

北海有一條魚，名字叫「鯤」。鯤非常大，不知有數千里。鯤變化為鳥，名字叫「鵬」。鵬的背，也不知有數千里。鵬奮起騰飛的時候，牠的翅膀就像天邊的雲。鯤鵬這隻鳥，海水波動的時候就遷移到南海。南海，是一大天池。有一部名為《齊諧》的志怪典籍，其中記載：「鵬遷移到南海，擊水三千里，而後盤旋上升九萬里，乘著六月的大風飛去。」

注釋

冥：通「溟」，海。

摶：拍。

息：風。

鵬程萬里，是自由還是不自由？

水之積也不厚，則其負大舟也無力。

一次，賈寶玉「正拿著〈秋水〉一篇在那裡細玩。寶釵從裡間走出，見他看的得意忘言，便走過來一看，見是這個，心裡著實煩悶。細想他只顧把這些出世離群的話當作一件正經事，終究不妥。看他這種光景，料勸不過來，便坐在寶玉旁邊，怔怔的坐著」，接著便有了一番議論，大致是表示不滿，主張走世間正途（《紅樓夢》第一百十八回）。不過薛美人也曾有詩曰：「好風頻借力，送我上青天。」（《紅樓夢》第七十回）且不管詩句後面的意味，字面意思其實與這裡〈逍遙遊〉的兩句話是一樣的。

蓄積深厚才能有騰飛的時候，鯤鵬展翅便是上升「九萬里，則風斯在下矣，而後乃今培風」。人生中的成就，多是經歷許多努力乃至磨難之後才獲得的；即使有偶然得之的幸運，比如路上踢到金塊，至少你也得走出門去才成。

世間事，得失喜樂總攜手而來。鵬程萬里，固然人們常常以之為自由的象徵；其實，要憑風而起，不也是一種限制或曰不自由？《齊諧》裡面說到鵬「摶扶搖而上者九萬里，去以六月息者也」，「息」乃「氣息」之「息」，就是「風」：鵬的升騰遠翔得憑六月時的大風，方能乘勢而行，這是自由還是不自由？你去問七夕鵲橋相會的牛郎織女吧，他們見面也是一年一回啊。

《莊子》原文

水之積也不厚，則其負大舟也無力。覆杯水於坳堂之上，則芥為之舟。置杯焉則膠，水淺而舟大也。——〈逍遙遊〉

今譯

如果水積聚得不夠深厚，就沒有能力承浮起大船。把一杯水倒在堂上的小坑裡，放一根小草就可以當作船，但如果放上一個杯子，就要黏著在地上了，這是因為水太淺而船太大的緣故啊。

注釋

坳堂：堂上凹陷的地方。

膠：黏著在地上。

失去越多，越明白時間的有限

朝菌不知晦朔，蟪蛄不知春秋。

鯤鵬展翅，呈現的是空間維度的大境界，這兩句則提示人們要在時間維度上突破自我的局限。

世間萬物，都存在於時間、空間之中。人們承受的局限，也就來自這兩方面。空間的限制比較直觀，「山外青山樓外樓」，在你目力所及的世界之外還有另外的天地，或許那裡是北方的不毛之地（《莊子．逍遙遊》所謂「窮髮之北」），也或許那是西方的極樂淨土。而時間的限制，相形而言，就比較抽象。非洲草原上的動物們，也能知道在遙遠的地方，有一片豐美的草場可以棲居，因而不顧山高水長、千難萬險奔逐而去，但牠們恐怕難以了解在這樣的空間移動中，時間在無情流逝，在奔向生命新希望的同時，也在奔向死亡。

因此，動物更會活在當下，而人更有時間意識，更了解時間的意味。只是**人們常常會忽忘時間的腳步，尤其是年輕的時候**。在時間的河流中浮游長度越短，越容易輕略它的存在，就如同朝菌和蟪蛄，它們對一日的晨昏、一年的春秋，都不可能有了解。不過，人的情形，確實比較複雜些，百年之壽，大致是相同的，但對時間有限的意識，卻是隨著你日漸失去與它長相守的機緣而增長的。講得直白，便是：失去越多，就越明白。

在這個意義上，人，確實更痛苦。

《莊子》原文

朝菌不知晦朔，蟪蛄不知春秋。——〈逍遙遊〉

今譯

早上出生、晚上就枯死的菌芝，不會知道一個月的時光；春生夏死、夏生秋死的蟬，不會知道一年的時光。

注釋

朝菌：傳說中早上出生，到晚上就枯死的菌芝。也有說法認為應該是「朝秀」，指一種朝生暮死的小蟲子。

晦朔：一個月的時光。或說是一日的時光。

蟪蛄：春生夏死、夏生秋死的蟬。

春秋：一年的時光。

一味追逐外在價值，只會喪失自我

定乎內外之分，辯乎榮辱之境。

人生活在社會之中。中國文化裡面，儒家傳統特別強調人與人之間的關係，所謂「君君，臣臣，父父，子子」（《論語・子路》），各色人等扮演好自己的社會角色。這自然有積極的意義，畢竟如此社會才能穩定。不過，社會的組成，是每一個體讓度一部分權利、相互協調的結果，總要克制自我的欲望、利益與自由。這固然不得不然，但更壞的情況是，不少人並不了解這裡面的道理，一味以外在的價值為競逐的目標，過猶不及，喪失自我。

莊子的意義，這時便突顯出來。

關鍵在於「定乎內外之分」。明瞭何為外在、何為內在的分別，對個體來說，是非常重要的。處理人與我關係，一方面是對外的，就是我與他人的關係；還有一方面，是針對自我的，就是區別內外，從而明白並堅持自我的內在需求和價值。**自我內在關切了然於胸，所有外在的榮辱都不再會左右自己了**。世人非議的，只要確然是合乎自我本性的，「雖千萬人，吾往矣」（《孟子．公孫丑上》），並不退縮；而世人讚譽備至的，也並不飄飄然自喜，因為所作所為並不是為外在的肯定，而是植根於自我的，所以那些都不足以增重。

在世俗的世界中，這是一個非常高的境界。擁有這般境界的人，內心是安寧而高傲的。

《莊子》原文

舉世而譽之而不加勸，舉世而非之而不加沮，定乎內外之分，辯乎榮辱之境。

——〈逍遙遊〉

今譯

即使全世界都讚揚他，他也不會因此而更加努力奮進；即使全世界都反對他，他也不會因此而更加沮喪失望。他能認定內在自我和身外之物的分際，也能分清榮耀和恥辱的界線。

注釋

勸：努力奮進。

辯：即「辨」，辨別、辨明。

我們「需要」的，其實並不多

鷦鷯巢於深林，不過一枝；偃鼠飲河，不過滿腹。

莊子在〈秋水〉篇中曾說過，人在天地之間所占據的位置，不過是大山之中的小石子或小草小枝而已（吾在於天地之間，猶小石小木之在大山也）。小草小石，於大山不過立錐之地，微不足道。而這小草小石之所需，自然更少了，或許只是一滴雨露，一縷陽光。

人在世上行走一遭，真正需要的怕是極少。然而問題是，人心的欲求，往往極大。古之帝王，號稱後宮三千佳麗，有終生不得一幸的；近有貴婦好鞋，高低尖圓，收羅備至，竟至數十載不能遍試。這些滿足的乃是虛擬的欲望，而不是實實在在的生命需要。莊子站在最切近真實生命的立場上，說了實話。**不去追逐你其實未必眞要的東西，你才能了解並把握住你眞正的需要。**

知足常樂。如果一無所有，大概確是很難快樂，但有棲息的一枝，有滿腹的飲食之後，擁有越多並不代表一定越快樂。人們在回顧童年小小快樂的時候，往往發現它們其實並沒有多少是建立在豐沛的、有形的占有之上。這些年人們的物質生活水準提升是毋庸置疑的，不過調查顯示，幸福度並未提升，或許還有所下降，不都是一個道理嗎？

《莊子》原文

鷦鷯巢於深林，不過一枝；偃鼠飲河，不過滿腹。——〈逍遙遊〉

今譯

鷦鷯在幽深的樹林裡安巢，牠所需要的不過是一根樹枝；鼴鼠到河裡飲水，也只要喝飽一肚子而已。

注釋

鷦鷯：一種小鳥，俗名桃雀。

偃鼠：即鼴鼠，在田地裡穿行的老鼠。

做好分內的事，而不越俎代庖

庖人雖不治庖，尸祝不越樽俎而代之矣。

這句話包含了成語「越俎代庖」的出處，出自古代傳說中著名的隱士許由之口。當時聖王堯治理天下，天下大治，屬於儒家所認為的黃金年代，卻不知道什麼原因要將天下讓給許由。許由當然推卻，他先恭維堯：「你已將天下治理得井井有條，何必要我來替代你呢？難道我要這個名位嗎？」（子治天下，天下既已治也，而我猶代子，吾將爲名乎？名者，實之賓也，吾將爲賓乎？）最後就是上面這句話了。

顯然，許由自居於「尸祝」的位置，而以堯為「庖人」。「尸祝」和「庖人」是截然不同的職守，前者是祭祀時禱祝神主的人，而後者是主掌廚事者，其中隱隱有高下之別：尸祝是祭祀活動中的重要角色，至於庖人，這裡或許不僅僅是指一般掌管廚事的人，應該是與祭祀活動相關的安排祭品之類的人物，兩者之間在祭祀這件事裡面的主次，是很清楚的。後代嵇康也曾涉及屍祝和庖人的典故，他自居屍祝，而將當初一同悠遊竹林後來卻出仕為官的山濤視為庖人：「聽到你升官了，很有些不爽，怕你會羞於一個人當庖人，要拉屍祝一起來，擺弄著刀，搞得到處腥氣。」（《與山巨源絕交書》：「間聞足下遷，惕然不喜，恐足下羞庖人之獨割，引屍祝以自助，手薦鸞刀，漫之羶腥。」）「屍祝」嵇康對「庖人」山濤的鄙夷態度顯而易見。至少，在這位精通《莊子》的竹林名士看來，屍祝與庖人兩者間孰輕孰重是很清楚的。

不過，《莊子》原本這層在隱世修身和治理天下之間，在道家和儒家之間揚此抑彼的含義，今天已經褪盡了。

《莊子》原文

庖人雖不治庖，屍祝不越樽俎而代之矣。——〈逍遙遊〉

今譯

就算廚師不幹廚房的活，主持祭祀的人也不會放下自己主管的禮器來替他工作的。

注釋

庖人：廚師。

治：管理、從事。

屍祝：負責主持祭神儀式的人。

樽俎：樽是酒器，俎是肉器。樽俎合指祭祀的禮器。

不懂音樂的耳朵，最美的音樂也沒有意義

豈唯形骸有聾盲哉？夫知亦有之。

人的五官相互配合，對於這個世界，我們才有準確的把握。無論哪一方面有缺憾，都會造成很大的麻煩。如目盲，那麼空間的感覺要差許多，而世界也是沒有色彩的；耳聾，則世界是死寂的，沒有風聲鳥鳴，沒有樂聲宛轉。這些多是無可奈何的事。

然而更可怕也難以令人同情的，尚不是形質上的缺陷，而是精神上的。

馬克思曾說過，對於不懂音樂的耳朵，最美的音樂也沒有意義。這樣的耳朵，在形質上並沒有任何問題，但音樂對它，或許比對聾人的耳朵更糟：聾人的耳朵只是聽不見，只是置人於一片寂靜，而對它則是喧囂，甚至鼓噪。

精神上的閉塞，或者是出於有限的聞知，以狹隘的經驗面對廣闊豐富的世界，於

是錯愕，於是退縮，於是自我隔絕。或者出於傲慢自大，相信自己的正當性，對與己不同的一切都持排斥、否定的態度。他的眼睛看見了其他的事物，他的耳朵聽到了不同的言說，但這一切在他心中沒有任何的痕跡留存下來，等於從來沒有聽聞過。

這種情形有兩個成語可以描述：前者叫視而不見，後者乃充耳不聞。

《莊子》原文

瞽者無以與乎文章之觀，聾者無以與乎鐘鼓之聲。豈唯形骸有聾盲哉？夫知亦有之。——〈逍遙遊〉

今譯

盲人沒有辦法看到花紋的美麗，聾人沒有辦法聽到鐘鼓的聲音。難道只是身體感官有聾有盲嗎？心智也是有聾有盲的啊。

注釋

瞽者：盲人。

世界越亂，心越靜

大知閑閑，小知間間。大言炎炎，小言詹詹。

莊子生活的時代，在他眼中是亂世，社會經歷劇烈的變動，問題紛起。人們在忍受種種痛苦的同時，自然也想有所救治。所謂百家爭鳴，大抵就是這麼來的。那是一個眾聲喧譁的年代。諸子關心的問題，各有不同。有的直接就國計民生的熱點問題陳述意見，如儒家、法家之類；有的從特定的職業立場闡發救世的良方，如墨家、農家之類；有的關注亂世中自我的生存和保養，如楊朱之流；有的究心天地消息及其與人世的關聯，陰陽家是也；有的考察人們言談的邏輯，如惠施、公孫龍，等等，不一而足。

莊子面對種種言論，自然有他的觀察和感想。這裡雖然不是對具體各家各流的批評，但於諸子思想言論的風貌氣味，確實可算是非常好的總體描述。

高論大言，論說的問題既關重大，展開論述的氣勢也就不自覺壯大起來，如孟子自己就承認：「予豈好辯哉，予不得已也。」（《孟子．滕文公下》）孟子罵起人來，真是很厲害，比如指責別人無父無君（楊氏爲我，是無君也；墨氏兼愛，是無父也），就很有些強詞奪理，言詞上給人深刻印象，勝在氣勢。至於喋喋不休的「小言」，體現的是細瑣的「小知」，那應該是以名家為對象的。〈天下〉篇裡面莊子批評惠施「說而不休，多而無已，猶以為寡」，便是這裡說的「詹詹」；還說惠施所擅長的那套，「散於萬物而不厭」，從天地大道來看，「猶一蚊一虻之勞」，正是這裡所謂「間間」了。

莊子所言，雖源自他對那個時代中思想言論的觀照，不過是不是也具有普遍性呢？我們耳聞目睹種種「閑閑」、「間間」、「炎炎」、「詹詹」的時候，大約多少也可以嗅出些氣味吧？

《莊子》原文

大知閑閑，小知間間。大言炎炎，小言詹詹。——〈齊物論〉

今譯

大智慧廣博從容，小智識細碎分別。大言論咄咄逼人，小言談喋喋不休。

注釋

閑閑：廣博從容的樣子。

間間：細碎分別的樣子。

炎炎：氣勢猛烈、咄咄逼人的樣子。

詹詹：喋喋不休的樣子。

生而為人，我很厭世

終身役役而不見其成功，苶然疲役而不知其所歸，可不哀邪！

生命的有限性，人人都有意識，或遲或早，或淡漠或強烈，都會有。然而莊子對生命的流逝尤其敏感，並且基本上將生命看作一個痛苦的過程。自然界和人世間的風霜刀劍，人們都得逆來順受（與物相刃相靡），而且最終未必有什麼收穫和成就（終身役役而不見其成功），這是外在的事實層面。更令莊子感到心魄震盪的是心理層面的痛苦：眼見著自己的生命迅速走向終點，卻無法挽住時間的腳步（行盡如馳而莫之能止），畢其一生勞累辛苦，回頭想一想，竟一言難盡，不知道究竟為了什麼（苶然疲役而不知其所歸）。

身心俱疲，這就是人生的感覺。人都處在這一生命過程中，莊子高出常人之處，便是能在精神上超乎其外，返視生命的過程；雖然，這一觀照給予人的仍是哀慟，甚至更增一層哀慟。

《莊子》原文

一受其成形，不亡以待盡。與物相刃相靡，其行盡如馳而莫之能止，不亦悲乎！終身役役而不見其成功，苶然疲役而不知其所歸，可不哀邪！——〈齊物論〉

今譯

人一旦接受了這個形體，就不再變化，只能坐待生命盡頭的來臨。人生與外物相互交接、相互衝突，眼看時光飛馳而無法阻止，豈不是也太可悲了嗎？終生奔走勞碌而看不到有什麼成就，疲倦困苦而不知道自己到底是為了什麼，這怎麼能不令人感到可憐呢？

注釋

相刃相靡：刃，逆。靡，順。相刃相靡，指互相交接衝突。

役役：奔忙不已的樣子。

苶然：疲倦困頓的樣子。苶，讀作ㄋㄧㄝˊ。

愛對方的一切，包括愛對方的「缺點」

道隱於小成，言隱於榮華。

「言隱於榮華」，比較好理解，即紛繁華麗的言辭，往往遮蔽了傳達真諦的言詞。就如當下，說法很多，資訊氾濫，但是究竟有多少是真理呢？嘈雜的喧囂，使人們無法靜下來傾聽真理的聲音。

「道隱於小成」，則略需解說。

莊子相信大道是一個整體，世間萬物共處道中，互通互融。如果你要將一個部分突顯出來，那麼或許對這個被突顯的部分是有所成就了，而對整體之道則是一種毀傷。比如你砍伐大樹，準備充做棟梁之用，這當然好，但那些旁枝他葉呢？它們被拋棄了，就是毀傷，不僅對這些旁枝他葉是毀傷，對原來整棵完整的大樹，豈不也是一種毀傷？

或許有人要說：這不是去其糟粕，而取其精華嗎？有什麼不好呢？莊子對此，則不能同意。〈秋水〉篇中，針對何以不能僅取其正確而拋開錯誤（蓋師是而無非）的意見，莊子回應說：「這是不明天地萬物之理，怎麼會僅有天而沒有地，僅有陰而沒有陽？」（是未明天地之理，萬物之情者也，是猶師天而無地，師陰而無陽。）世界上的事都是相反相成的，「東西之相反而不可以相無」，不會只有一面。近代弘一法師李叔同圓寂前的遺言是四個字：「悲欣交集」。做為一個整體的人生，不就是這樣的嗎？有快樂，有悲傷。

所以我們要理解，要面對，要有寬容同情的了解。**一個人好的方面，我們固然喜歡，固然欣賞，但不那麼好，甚至惡的那部分，其實也是其必然的組成部分。**戀愛的時候，常常說要愛對方的一切，包括愛對方的缺點。戀愛中的莊子一定也會這麼想。

《莊子》原文

道隱於小成，言隱於榮華。——〈齊物論〉

今譯

「道」因為小的成功而被隱蔽，「言」因為浮華之詞而被隱蔽。

注釋

道：整體的大道、真諦。

小成：局部的成就。

榮華：浮華不實的言詞。

明白自己的有限，以廣闊眼光包容他人

物無非彼，物無非是。自彼則不見，自知則知之。

「彼」與「此」、「物」與「我」之間總是相對的。通常人們站在自我的立場，清楚地區分著彼此、物我。這是無可奈何的事情，不過莊子提醒我們，對這一情形，要有清楚的自覺。這種立場是有限制、有缺陷的。從自己的立場去看，往往不能充分了解彼方的實情；而對自己的事，當然比較明白究竟。也就是說，人們往往缺乏同情的了解。

雖說了解自己其實也是談何容易，但關切自己、知曉自己，總是普遍情形。然而，**明白自己的有限和局限，以較爲寬廣的眼光包容他人**，才是更高的德性。

孟子曾經說過：「無恆產而有恆心者，惟士為能；若民，則無恆產，因無恆心。」

（《孟子．梁惠王上》）

他所謂的「恆產」就是局限，當人有一定利益的時候，才會有一定的信念。但這利益的多少、利益的所在是不同的，彼此不同的人所處地位不同，因而信念也就不同。唯有孟子所謂的「士」這一階層，能超越特定的階層和利益所在，持有確定的信念，這種信念是具有周遍性的，為盡可能多的群體考慮。因而，其所見所知就不僅限於自我，而且可以知彼見彼。

莊子提醒我們：跨越彼此，知己知彼。

《莊子》原文

物無非彼，物無非是。自彼則不見，自知則知之。——〈齊物論〉

今譯

世界上的事物，都互相視對方為自己之外的他物，所以沒有不是「彼」的；都自視為自我，所以沒有不是「是」的。從他物的角度看則難以看清，從自我的角度理解則能夠明白。

注釋

彼：與自我對立的方面。

是：自我。

各自的是非都是片面的是非，毋須執著

彼亦一是非，此亦一是非。

人總是認為自己正確而對方錯誤，因而各自有其是非判斷。但是既然彼此是相對的，站在不同的立場上，自然各自會有各自的是非。彼此、你我都是這個世界整體的一部分，莊子要說的，其實是**人們不應該執著於各自的是非**，畢竟各自的是非都是片面的是非，爭執下去，徒然自限於一隅，背離大道。

然而，後人對莊子的苦心未必能時時謹守，倒是常常拿這話作托詞，堅持自己的立場。新文學運動中有一位早期的白話詩人、後來不成功的政治人物，叫康白情，當年在北京大學讀書的時候常常遲到。對《莊子》很有研究的馬敘倫先生，當時正開課講《莊子》，康白情照例遲到。一次，馬先生正講得高興，康白情又破門而入，老師忍不住了，放下《莊子》問康白情何以如此。康答：「住得遠。」馬先生火氣即刻上來了：「你不是住翠花胡同嗎？只隔一條馬路，三五分鐘即可走到，何得謂遠！」康接口道：「先生不是在講《莊子》嗎？莊子說：『彼亦一是非，此亦一是非。』先生以為近，我以為遠。」馬先生一時語塞，氣得宣布下課。

可惜馬敘倫上的是《莊子》，如果是講《論語》，那不妨像孔子罵那個白天睡大覺的宰予一樣，罵康白情：「朽木不可雕也！」（《論語．公冶長》）

《莊子》原文

彼亦一是非，此亦一是非。——〈齊物論〉

今譯

他有他的一套是非判斷，我有我的一套是非判斷。

「路」是自己走出來的

道行之而成，物謂之而然。

魯迅曾說過一句名言：「世上本沒有路，走的人多了，也便成了路。」（《故鄉》）這個意思，莊子此處的前一句，已經說出來了。

現代社會中，我們對於道路通常不會有特別的感覺，因為道路已然存在，它就在你的面前延展開去，即使你不「閉門造車」，也定是「出門合轍」——一出門就踏上路。然而這些道路原是沒有的，它之形成，就是人們走出來的。

我們行走在已經存在的道路上時，面臨一個選擇的問題。美國詩人佛洛斯特（Robert Frost）有一首詩，名為《未走之路》（The Road Not Taken）。詩人在黃葉林間面對兩條一樣幽靜而罕有人跡的小路，最後選擇了看來更寂靜的那條。許多年後，詩人回想當初的抉擇，真切地體味到那個選擇，決定了自己的一生：

I took the one less traveled by,

And that has made all the difference.

實際行走中的路徑選擇，引發了詩人對人生的感悟。是啊，人生的道路，看似無形，但同樣道理，也是人們行走之後才形成的，並且你不可能沿著任何一條別人踏出的路前行，**每一個人都只能自己面對，自己抉擇，自己去走。**

《莊子》原文

道行之而成，物謂之而然。——〈齊物論〉

今譯

道路是人們行走之後而形成的，事物是被人們稱謂而確定名字的。

注釋

道：道路。

物：這裡指被語言指稱的事物。

「活在當下」，有何不可呢？

狙公賦芧，曰：「朝三而暮四。」眾狙皆怒。曰：「然則朝四而暮三。」眾狙皆悅。

古今之間固然有連貫性，但也有斷裂，這是通常的情形。語言表現上也是如此。比如「朝三暮四」，現在的意思是指心意猶疑不定，忽此忽彼，時時變化。它的出處是《莊子》，不過，原來的意思顯然不是這樣。

莊子相信世間萬物渾然一體，不可強加分判，割裂開來。然而世人往往不能了解這一點，所以偏執一事一物、一個方面，不能有整全的視野，周照全體。這就如同猴子，聽說早晨給的橡果少，就不高興了，根本沒有聯想到晚上給的多這一情況；轉而告訴猴子們晚上的減少，而早晨的增加，牠們立刻轉怒為喜。分析一下，猴子看到的只是眼前的利益，這也難怪，動物基本是活在當下的，牠們沒有歷史感和對未來的謀劃。

人與猴子是近親，猴子犯的錯誤，人也一再犯。多少人只顧眼前，急功近利，而缺乏遠慮？當下和未來都是你要經歷的，你不能為了當下而不計未來。如此推至極端的例子要數殺雞取卵了。

多數人沒有整全的視野，足夠聰明的人有，但這也存在一個如何與眾人相處的問題。**可以仿效狙公，因順猴子們的願望，而最後的結果其實一樣，橡果的總數並沒有增減，不同的是：調整之後，皆大歡喜。**

除了猴子的喜悅，我們好像也聽到了莊子似有若無的笑聲。

《莊子》原文

狙公賦芧，曰：「朝三而暮四。」眾狙皆怒。曰：「然則朝四而暮三。」眾狙皆悅。

——〈齊物論〉

今譯

養猴子的人餵猴子吃橡果，說：「早上給你們三個，晚上給你們四個。」猴子們大怒。養猴子的人改口說：「那早上給你們四個，晚上給你們三個。」於是猴子們都心滿意足了。

注釋

狙公：養猴子的人。狙，猴子。

賦：這裡是分別餵食的意思。

芧：橡果。

視角不同，心態也就不同

天下莫大於秋豪之末，而太山爲小；莫壽乎殤子，而彭祖爲夭。

太山，先秦時代就以高大著稱，李斯在勸諫秦王不要驅逐來自其他諸侯國的才士能人的時候便說過：「太山不讓土壤，故能成其大；河海不擇細流，故能就其深。王者不卻眾庶，故能明其德。」（《諫逐客書》）然而莊子這裡卻說「天下」、「太山為小」，實在是非常可議之論。

然而，這看似荒謬的論斷後面，確有莊子的洞見。

人們看待事物，其實是有一個特定立場和視角的。說螞蟻小，說大象大，都是以自我形象為標準的，只是通常我們不會特別提出來，以致有時候連自己也忘記了這些說法建立在比較的基礎之上。莊子特意突出的就是這一點：既然事物之間的情狀都是相比較而言的，那麼**站在不同的立場、採取不同的視角，對事物的觀照就是不同的，**甚至可以與我們通常的印象截然不同。秋天鳥獸身上新生的體毛看似微末，但從更微末的角度來看，牠們可以是巨大無比的；太山在我們人類看來固然很高大，但在天地的大範圍中，則微不足道；站在朝生暮死的小蟲的立場，未成年而夭折的小孩子壽命已長得不可想像；而八百歲的彭祖，相對滄海桑田而言，不過短短一瞬間。

故而，莊子的說法雖然詭異，但後面也有他的理路，提醒世人，世上的一切並不是固定不變的。

這一觀念的合理性，在〈秋水〉開篇河伯、北海若的對話中，顯示得更為清晰：河伯當初自以為浩大無邊，但抵達北海若面前時才見識了真正的無邊無際，這時，海之大是顯見的；然而，北海若接著就指出自己相對天地，不過滄海一粟而已。海之「大」，驟然轉為「小」，關鍵正在觀照立足點的轉移。

平常，人們看待事物時，不也可以由此獲得些啟示嗎？

《莊子》原文

天下莫大於秋豪之末，而太山為小；莫壽乎殤子，而彭祖為夭。——〈齊物論〉

今譯

天下的事物，沒有比秋毫的末端更大的了，而泰山卻是小的；沒有比夭折的嬰兒更長壽的了，而彭祖卻是短命的。

注釋

秋豪：即秋毫，秋天獸類身上新長出來的細毛。

太山：即泰山。

壽：此作動詞，「比……更長壽」之意。

殤子：夭折的嬰兒。

彭祖：傳說中的長壽者，據說活了八百歲。

夭：夭折。

這個世界包羅萬象，我們只管盡情享受

> 天地與我並生，而萬物與我為一。

古代經典的開始是很有意思的，可以約略窺見其中所包容的精神世界。《論語》開始是「學而時習之，不亦樂乎」（《論語．學而》），呈現一個「敏而好學」、「不知老之將至」（《論語．述而》）的教育家形象。《孟子》開篇就是見梁惠王的說詞，突顯的是周遊列國、能言善辯、極力推行自己政治理念的孟子。

《莊子》開篇則是鯤鵬展翅，推展出一個宏大的世界，這裡不僅有人，而且有魚有鳥，有大海有天空，這是一個包羅萬有的世界，而不僅僅是人的世界。這才是我們身處其間的真實世界，萬物紛紜，並生並育，一起展示著自己的色彩聲息。在這個世界中，**莊子打開自己，視接四野，耳聽八方，遨遊天地之間，同乎大化流行**。此乃與天地並生，與萬物為一的情境。當此情境，人不再是孤獨的、有限的存在，而是與外在世界融通無礙的個體，他可以體會游魚之樂（《莊子‧秋水》），他會在夢中與大樹對話（《莊子‧人間世》），於是他不再只有人類的立場，而且能理解萬物的心意，跨越彼此的鴻溝，與整個宇宙的脈動同一節律。

這不是功利的境界，不是道德的境界，而是「獨與天地精神往來」（《莊子‧天下》）的宇宙境界。

《莊子》原文

天地與我並生，而萬物與我為一。——〈齊物論〉

今譯

天地和我同生並存，而萬物與我合而為一。

太執著於美，就不美了

毛嬙麗姬，人之所美也；魚見之深入，鳥見之高飛，麋鹿見之決驟。

古希臘的愛智者蘇格拉底，曾與人討論什麼是美的問題，幾經辯證，最後得出的結論是：美是難的。讀莊子的這段話，很容易浮出「美是難的」這一念頭。

當然，莊子的理由和蘇格拉底並不相同。莊子指出，在人和魚、鳥、麋鹿之類組成的動物界之間，對美有根本的不同見解。**世間萬物千差萬別，很難以一個標準貫通一切**，尤其對於具有價值意義的美醜、善惡之類而言，更是如此。

其實不僅不同的物種之間，會因為性狀的不同，而有不同的主觀判斷，即使同樣的物種，因為時代的關係、一時趣味的轉移，也會有大相徑庭的取向。唐代女子審美的標準是「肌理細膩骨肉勻」（杜甫《麗人行》），或許稍偏向豐腴之美；而到了《紅樓夢》

中，林黛玉顯然無法與楊貴妃相提並論，是嬌弱病愁的典型了。

其實，再想一下，或許魚沉鳥飛、麋鹿決驟，本來就不是能否欣賞人間美人的問題，而是壓根兒就感到害怕！美人、粗漢對牠們，完全是一樣的。相比較而言，美和生命之間的抉擇，莊子肯定後者，那是可想而知的。

《莊子》原文

毛嬙麗姬，人之所美也；魚見之深入，鳥見之高飛，麋鹿見之決驟。——〈齊物論〉

今譯

毛嬙和麗姬，是人人都會讚賞的美人，然而游魚見了她們就深深地潛入水底，鳥兒見了她們就高高地飛上天空，麋鹿見了她們就飛快地遠遠跑開。

注釋

毛嬙、**麗姬**：都是古代的著名美人。

決驟：奔逃不顧。

作夢的人生，也不壞

方其夢也，不知其夢也。

慨嘆人生的時候，人們往往會說：人生如夢。

夢是把握不住的，我們不知道它何時會來，何時會去，它是迷離恍惚的，平常生活中不可能的事會在夢中發生，無論它是悲傷還是歡喜。然而就身在夢中的感覺而言，又是如此的真實，我們會為它驚駭不已，也會喜極而泣。

當我們喜極而泣，或者冷汗淋漓時，誰也不會意識到這是夢；當高峰體驗過去了，無論悲還是喜，或許我們都會閃過「這是不是夢啊」的念頭。然而，也不過就是這麼一閃念，夢還是要繼續。當我們醒來的時候，才最後確證：這是夢啊！

莊子這句話，描寫的就是這麼一個情形。

夢與現實之間的關係，最扣人心弦。〈齊物論〉美麗的「莊生夢蝶」，人們通常不顧其所謂「物化」的義理，而醉心於「不知周之夢為胡蝶與，胡蝶之夢為周與」的奇幻之思、迷離之境。醒來之後，如「夢蝶」這般夢境與現實相糾結的情況，終究是少數，大多是夢境與現實之間的巨大反差令人錯愕心驚。詩人李白從夢境中醒來，嗟嘆方才經歷的仙境，已成過眼雲煙：「忽魂悸以魄動，恍驚起而長嗟。惟覺時之枕席，失向來之煙霞。世間行樂亦如此，古來萬事東流水。」（《夢遊天姥吟留別》）李商隱從絢麗的夢境中回轉來：「恍惚無倪明又暗，低迷不已斷還連。覺來正是平階雨，獨背寒燈枕手眠。」（《七月二十八日夜與王鄭二秀才聽雨後夢作》）

夢與現實，尚且是此一人生中事。莊子最後的那句話，陡然將夢提升到生死之間：人生一世，是否就是一場大夢呢？而所謂死亡狀態是否反倒是覺醒呢？這樣想下去，人生是短暫的精神出遊，而死亡是回歸常態嗎？

《莊子》原文

方其夢也，不知其夢也。夢之中又占其夢焉，覺而後知其夢也。且有大覺，而後知此其大夢也。——〈齊物論〉

今譯

當作夢的時候，不知道自己是在作夢。在夢境裡又占卜自己所作的夢。直到夢醒以後才知道，原來自己一直是在作夢啊。

注釋

方：當。
占：占夢、解夢。

夢境裡的快樂，難道不是真正的快樂嗎？

周與胡蝶，則必有分矣。

這可能是古代中國最美最迷離恍惚的一個夢。

《莊子》中多次出現夢，這次是莊子以自己為主角。驟然醒來的時候，他還沉浸在翩翩飛舞的蝴蝶狀態，似乎有些不能相信，一瞬間恍然不能分別現實和夢境。然而，他清楚，兩個世界之間一定是有界限的，一定是可以分別的。這一意識表明莊子此刻是在現實之中了，如果他還是那快樂的小蝴蝶，自得其樂尚且不暇，何來如此清晰的分辨意識？

然而，分辨就是絕對的嗎？在「俄然覺」之前，莊子和蝴蝶的分別重要嗎？那種快樂自得的感受不是真實的嗎？這種感受難道是虛幻的嗎？

夢，在現實世界中，確實難以把握，但它與我們有著深切的關聯，透過它，我們與截然不同的世界有了溝通的隧道。這種溝通是真實的，因為我們享受到了進入另一個世界的快樂，我們感覺到自己與世間萬物是可以融通的。

莊周與蝴蝶、現實與夢境之間的糾結，一定令莊子困惑而著迷，它既是莊子所身歷，從而引致其無窮遐想的緣由，也是他反省、思考世界真實本相的物件。

《莊子》原文

昔者莊周夢為胡蝶，栩栩然胡蝶也，自喻適志與！不知周也。俄然覺，則蘧蘧然周也。不知周之夢為胡蝶與，胡蝶之夢為周與？周與胡蝶，則必有分矣。此之謂物化。

——〈齊物論〉

今譯

莊周曾夢見自己是一隻蝴蝶，欣然翩飛的蝴蝶，自己感到很是愉快和愜意！不知道自己原本是莊周。突然間醒來，驚覺是我莊周。不知是莊周夢中變成蝴蝶呢，還是蝴蝶夢見自己變成莊周呢？莊周與蝴蝶，那必定是有區別的。這就叫作「物化」。

注釋

栩栩：輕快飛舞的樣子。

蘧蘧：驟然醒轉。蘧，讀作ㄑㄩˊ。

物化：物物之間通融一體，轉化無礙。

莊子的逍遙講堂 20

「智慧」比「知識」更重要

吾生也有涯，而知也無涯。以有涯隨無涯，殆已！

生命有限，是人生的大限制。對於如何度過有限的人生，有許多不同的理解。大多數人相信，獲得榮華富貴是重要的。現代社會中，一般人以為要獲得榮華富貴，需要讀書，需要有知識。這當然是有道理的。

對知識的竭力追求，其實是近代以來的精神方向。至少在中國古代，對知識的追求並不是人生的究竟。儒家自然講究知識，孔子就以博學多聞著稱，但儒家對知識的追求，是以滋養人生為根本目標的，「格物」、「致知」在「誠意」、「正心」的旁邊，不可偏廢。道家的觀念中更明確強調，知識的豐富並不代表智慧。《老子》就有「道」、「學」之間存在「損」、「益」不同的意思（第四十八章）。

生命是有限的，而知識是無限的，這兩者之間本來呈現不同的趨向，如果站在人生本位的立場上，自然我們應該把握的是生命。一味追求知識，越行越遠，充實的是知識的系統而不是人生的智慧。**人生的智慧，往往並不是建築在知識累積的基礎上。**一葉落而知秋，我們不需要等樹上的全部葉子都落下，才知道冬天來臨。

《莊子》原文

吾生也有涯，而知也無涯。以有涯隨無涯，殆已！——〈養生主〉

今譯

我的人生是有盡頭的，而智識卻無邊無際。以有限的生命，去追逐無盡的智識，只會使自己疲困危殆罷了！

注釋

涯：邊際、盡頭。

殆：疲倦困乏。

「無為」，是一種超脫善惡的美妙心境

> 爲善無近名，爲惡無近刑。

「為善無近名，為惡無近刑」這兩句話，曾引起許多的議論、紛爭。有一種批評是說，做了好事不求名，那就算了，做了壞事不致受到刑罰，那豈不是教人做了壞事又要逃避懲戒嗎？這還成話！

其實，它的意思應當在上下文的脈絡裡來理解。它的前面，亦是名言，即「吾生也有涯，而知也無涯。以有涯隨無涯，殆已」。前面已經分析過，莊子不主張極力追求知識，因為他的立場站在人生這一根本上，而知識並不是生命的核心價值所在。同樣的道理，無論「為善」還是「為惡」，它們所招致的「名」和「刑」也都是外在的，雖然在世俗的眼光中，兩者之間有好壞之別，但其實同樣對自我的生命有害。刑罰不用說了，至於名聲，人們也往往為其所累：或者善事做起來就不得停止，一路做去，疲弊精神；或者為了好名聲，竭力維護，徒然增加許多不必要的作為，人為而虛偽，背離自己的本性。

因而，從生命的本真而言，**「善」、「惡」不妨一起放下**，以免「名」、「刑」。這樣，兩句的意思，不是說可以「為善」或「為惡」，只要不致為名所累或招致刑罰，而是說不該去有意為善或為惡。〈駢拇〉篇最後有兩句說得很明白：「上不敢為仁義之操，而下不敢為淫僻之行也。」（既不敢去做合乎仁義的事，也不敢去做邪僻妄爲的事。）

「無」「為善」、「無」「為惡」，即是行「中道」。這兩句後面接著的便是「緣督以為經」一語，「督」過去就解釋為「中」（郭象《莊子注》：「順中以爲常也。」）。離開世俗所謂的善惡好壞，走在中間道路上，從而保全生命本身，此乃莊子的本意。

《莊子》原文

為善無近名，為惡無近刑。——〈養生主〉

今譯

不做善事，以免獲得名聲；不做惡事，以免遭受刑罰。

安於來去之時，順應自然之理

安時而處順，哀樂不能入也。

「時」和「順」，有特定的含義。這要從《莊子．養生主》秦失弔唁老聃的故事說起。

老聃死後，秦失去弔唁，僅哭了三聲就出來了，有人覺得很奇怪，於是問他：「你與老聃不是朋友嗎？」秦失說：「是啊。我看大家哭得那麼傷心，老人好像失去了孩子，年輕的如同失去父母，這些恐怕都不是老聃所期望的。對老聃來說，他在該來的時候來到這個世界，到了該去的時候，他依順自然而去了。如果安於來去之時，順應自然之理，那麼悲哀和喜悅之情便不會深入內心了。」

也就是說，「時」和「順」在這裡是特別就生死而言的。莊子明瞭**生命的過程有其不可抗拒的限定**，它的來到，我們無法做主；它的離去，我們也無法做主。在不能做主的情況下，能做的就是理解它，在理解的基礎上平靜地接受它的來去。來而喜，去而哀，心中的這些情感反應，既然無補於事，就不該讓它們深入內心，長住心間，造成傷害。

喜怒不形於色，很大程度上是做給人看的，在他人的眼中才有意味；哀樂不入於心，則是真正朝向自我的，是對內心世界的呵護。

《莊子》原文

安時而處順，哀樂不能入也。——〈養生主〉

今譯

如果能夠安於時勢，順應變化，那麼喜怒哀樂，種種感情執著就都無法侵入內心。

「善待自己」並不是自私

古之至人，先存諸己而後存諸人。

現代一般覺得，先人後己的順序是好的。但古人顯然不這麼想。《莊子》裡的這句話借孔子的口說出：你得先顧自己，而後才能顧得上別人。孔子勸告顏回，不要血氣方剛、滿腔理想，一心要去衛國勸諫衛國國君，改變那裡糟糕的時政，而對「伴君如伴虎」沒有充分的意識。

或許你會認為，這麼說的孔子只是莊子的傳聲筒。但孔子說過：「古之學者為己，今之學者為人。」（《論語・憲問》）也是講先己後人的，為自己的重要性是第一位的。《禮記》中《大學》一篇，後來做為「四書」之一，是無數學子熟讀的典籍，其中次第也是：「修身，齊家，治國，平天下。」是從我做起，先將自我完善，而後逐次提升，擴展到家族、國家和天下的。這理想雖更宏大，但其設想的基本路徑，與「先存諸己而後存諸人」是完全一致的。

先「為己」、「存諸己」，「修身」先於「治國」、「平天下」，不是現在通常很容易認為的所謂自私，而是認為人是第一位的，是最重要的，**要成就任何事業，必須首先著力在人本身，這才不是本末倒置，才不會最後落空**。孔子說得明白：「人能弘道，非道弘人。」（《論語．衛靈公》）弘揚大道，天下興亡，終究繫於人啊。

《莊子》原文

古之至人，先存諸己而後存諸人。——〈人間世〉

今譯

古時候得道的至人，先安定保全了自己，然後才去安定保全別人。

注釋

至人：莊子觀念中最完美的得道者。

存：安定、保全。

用心傾聽，方能聽得弦外之音

無聽之以耳，而聽之以心。

傾聽，是人類的一個基本美德，它表明人之間是可以溝通的，是可以互相理解的。

動物之間透過嘶叫、透過特定的動作，乃至直接的接觸，也是可以溝通的，牠們可以協調群體的行動，合作捕食、傳遞警報等。這些功能，人類透過說與聽，也可以達到。但人類之間更重要的溝通，不是在互相提醒該吃飯了、該上班了之類，而是在互相之間達到理解。

這是心與心之間的交流，說出的與傾聽的，都不僅僅止步於字面，其意味固然落在字句之中，也縈繞在字句之外。當父母對孩子提醒道：穿好衣服，小心著涼，這不是一個簡單的建議或指令，**而是一種實實在在關切的體現**。這不是僅以耳朵可以聽得到的，需要以心去體會。

意於言外，更是文學的基本表現方式，比如詩歌往往是言在此而意在彼。唐代朱慶餘有關畫眉的詩，是人所樂道的。在參加科舉考試前，朱慶餘寫了一首《近試上張水部》投贈水部郎中張籍：「洞房昨夜停紅燭，待曉堂前拜舅姑。妝罷低聲問夫婿，畫眉深淺入時無？」以洞房花燭次晨的新娘子梳妝拜見公婆的情形和心態為喻，自擬新婦，以張籍為新郎，問詢科場前途如何。張籍酬以一首：「越女新妝出鏡心，自知明豔更沉吟。齊紈未足時人貴，一曲菱歌敵萬金。」張籍當然聽懂朱慶餘的弦外音，沒有將其詩按字面簡單理解為表現閨閣趣味的作品，在自己的詩中給予朱慶餘很大的肯定。

所有人類表達中的言外之意、弦外之音，都是用心才能聽到的。

《莊子》原文

無聽之以耳，而聽之以心。——〈人間世〉

今譯

不要用耳朵來聽，而應該用心靈來傾聽體悟。

凡走過，必留下足跡

絕跡易，無行地難。

字面上，這兩句話很明白，也好理解：你要想不留痕跡，乾脆別出門，不走路，也就不會有足跡；如果你既要行路，又想沒有痕跡留下，那是很難的——除非你能飛行，腳不點地。

莊子的意思是什麼呢？是比喻人之行世。明代釋德清《莊子內篇注》解釋道：「逃人絕世尚易，獨有涉世無心，不著形跡為難。」你在這個世界上，如果覺得不諧和，乾脆做一個隱士，眼不見身不染為淨，也不會有什麼機詐危險等著你。但離世遠遁，畢竟還是一種簡單的保全自己的辦法。要依然在世上行走，卻如同飛鳥經天，雖已然飛過，空中渺無軌跡，自己走得瀟灑，而且擺落一切可能的阻難，那真的是不易。

達到這樣的境地，除了前面提到的飛行，如何可能呢？那就是依順世道，深通事理，內無心而外無為，如庖丁解牛一般，以「無厚」之刃入「有間」的牛之骨架，遊刃有餘，十九年刀刃未曾損傷。（《莊子．養生主》）

《莊子》原文

絕跡易，無行地難。——〈人間世〉

今譯

要想不走路容易，要想既走路又不踩著地面才難。

注釋

絕跡：閉門不出、不走路。

行地：在地上走路。

不受他人左右，敢於活出自我

爲人使易以僞，爲天使難以僞。

莊子常常突出「天」、「人」的不同。「天」代表自然法則，而「人」在莊子看來，體現了人世間與「天」不合的特殊性。以人之情欲為動力的所作所為，往往是不合天道的，是「偽」的。「偽」原來就是指非天性本來的「人為」。相反，依循天道而來的作為則不是「偽」（人爲）的，是真的。

人在人群中，要協調與他人的關係，多少要放棄一些原來的東西，要有些妥協。這些克制和變通，就是人為之「偽」。你會害怕些東西，你要渴望些什麼，於是為了避開或得到這一切，你會試圖改變自己，對著你不喜歡的臉孔微笑，勉強自己做其實毫無興味的事等等，迂迴前進，最後把握目標。

這都是莊子厭倦的。他厭倦，所以他退出，他按照自己天性的喜好，過自己的生活，**他相信自己的生活是真實的，自己的心是真誠的。**

《莊子》原文

為人使易以偽，為天使難以偽。——〈人間世〉

今譯

受到人情、人欲驅使，易於虛偽；為天道、自然驅使，就難以虛假。

就算是能者，也會感到焦慮

朝受命而夕飲冰。

葉公子高是楚國的宗室，一次他接受了楚王之命，要到齊國去出使。但這是一件很難辦的差事，因為齊國對待外國使臣一般很禮貌，但事情總會拖著，葉公子高擔心不能完成使命，楚王將懲罰他。所以，雖然他平日的飲食清淡簡單，此刻卻內心焦灼，早上才受命，晚上就要喝冰水了。

看得出來，葉公子高基本上是一個將世俗責任看得很重的人，是一個忠心國事的人，急切想將使命盡快完成，並且就個性而言，雖然飲食簡單說明他可算是一個不那麼苛厲的人，但個性還是有些急。近代有一位著名的政治人物和大學者梁啟超，與葉公子高產生了共鳴。他為近代中國的困境和問題焦慮不已，迫切期望能完成拯救天下的使命，故而將自己的室名定為「飲冰室」，他的文集也以「飲冰室」為名。

葉公子高最後如何，我們不很清楚；梁啟超不能算完成了他預想的事業，不過盡了他的努力和責任，在歷史上留下了深深的印跡。「飲冰」這兩個字，以後恐怕主要得以其與梁啟超的關聯，存留在人們的記憶中了，畢竟，他所關切的要比葉公子高深廣得多。

《莊子》原文

朝受命而夕飲冰。——〈人間世〉

今譯

我早上接受了命令，晚上就焦躁、憂慮到要喝冰水解熱的地步。

注釋

飲冰：因內心焦躁而飲服冰水。

萬丈高樓平地起

其作始也簡，其將畢也必巨。

莊子的這句話，基於日常觀察和經驗，說出了一個平常而深切的道理。

從〈人間世〉原來的語境來看，莊子是從負面意義來講的，他的觀察，通達人情世故：那些憑智巧相爭勝的人，一開始還都是光明正大的，最後往往用到見不得人的損招，至極端則可謂千奇百怪；依禮飲酒的人，最初都是規矩的，後來常酒後亂性，至極端便瞎胡鬧取樂了。事情都是這樣的，最初能互相信任，最終往往互相欺詐。（以巧鬥力者，始乎陽，常卒乎陰，泰至則多奇巧；以禮飲酒者，始乎治，常卒乎亂，泰至則多奇樂。凡事亦然，始乎諒，常卒乎鄙。）所以，莊子以為，事情當初開始的時候是微小的，到最後結束的時候就變成大禍了。針對莊子所指的情形，正確的應對策略就是要能知微見著，要防微杜漸，要防患於未然。

不過，這句話抽離原來的語境，不妨作正面的理解：世間萬事萬物都有一個萌生、發展、壯大的過程。萬丈高樓平地起，最初還不是從地面甚至挖地數丈開始，從俯視而後漸漸需要仰視的嗎？

《莊子》原文

其作始也簡，其將畢也必巨。——〈人間世〉

今譯

世間的事情，一開始通常都很單純簡易，到了要結束的時候，就都變得很龐雜繁難了。

注釋

簡：簡易單純。

巨：龐雜繁難。

過度的「愛」，會招來反效果

意有所至而愛有所亡。

莊子講了一個故事，說養馬的人照料自己養的馬，無微不至，甚至用專門製作的竹筐和貝殼來接馬屎馬尿。有一次，他見到有蚊虻叮在馬背上，於是去拍打驅趕，結果馬不解其意，驟然發怒，咬斷了馬嚼子，重重踢傷了養馬人。莊子評論說這叫「意有所至而愛有所亡」。

莊子的原意，是要講伴君如伴虎的道理，你全心全意、忠心耿耿為他考慮，向他進言，或許招致的反是殺身之禍。莊子的觀察是銳利的，想想在莊子之後的年代裡，有多少懷抱忠心的臣下，因為觸怒了國君而家破人亡！

這也可以是一個非常具有普遍意義的說法。你一意對對方好，反而或許寵壞了對方，小不如意就會發作。不懂事的小孩子，往往如此；戀愛中也是這樣，太在意你的情人，往往更容易受傷。

喜愛固然應該表達出來，藏著不露不是合適的做法，但也不能過度。**過度的愛，會導致恃寵而驕，行爲無端**。在這個意義上，「打是情，罵是愛」的說法，如果不是從字面去直接理解，而是看作一種嚴格要求，將愛轉化到對對方真正有益的方面，那也是可以接受的。

《莊子》原文

意有所至而愛有所亡。——〈人間世〉

今譯

珍愛照看的用心無微不至，所喜愛的東西反而因此亡失。

注釋

意：用心。

愛：所喜愛的東西。

沒有用，有時很「有用」

> 人皆知有用之用，而莫知無用之用也。

莊子非常喜歡以樹為例來討論人生大問題。這裡且提及「漆可用，故割之」。據記載，他曾任「漆園吏」，有一種解釋說這是管理漆園的官員，或許有些道理吧。

山木之所以被砍伐，因為在世俗的眼光中，它是有用的。正因為有用，所以喪失了自己的生命。生長得筆直成材的樹木先被砍伐，甘甜的水井先為人飲用，以致枯竭。（《莊子．山木》：「直木先伐，甘井先竭。」）因而，莊子以為是山木自己招致禍害。油膏、桂漆都是如此。

莊子警告人們，不要以為通常所謂有用、無用是永遠有效的，不能以此為標準來估價所有事物。他給出了不少反例。〈人間世〉記載，南伯子綦到商丘，見到一棵大樹，非常之大，足以蔭蔽千乘車騎，仔細一看，樹枝彎曲不可以承擔棟梁之重任，而樹下面的主幹則中心裂開無法做棺槨，嘗嘗葉子，唇舌都將爛傷；聞一聞，能讓人暈三天。於是南伯子綦感慨道：這樹真是不成材啊，因此才長得如此高大（此果不材之木也，以至於此其大也）。這樣以「不材」而得享天年的大樹，莊子率弟子在山中行走時也曾見過，莊子的觀感與南伯子綦一樣：「此木以不材得終其天年。」（《莊子．山木》）

然而，這些大樹果然是世俗所謂的無用嗎？

那就得看在什麼意義上來說有用和無用了。這些大樹，從成材的意義上說是無用的，而從保全生命、盡其天年的角度則確實行！反過來，那些棟梁之材，固然被人認為有用，但生命都失去了，站在它們自身的立場上，這些「有用」有什麼用呢？

莊子站在生命本位的立場上，提出了與世俗所謂有用、無用不同的判斷。這有理論上的原因，很大程度上也與那個生命時時刻刻處在危險中的時世有關。現實是殘酷的。宋國有一個叫荊氏的地方，那裡樹長到手可把握的大小，就有人將其砍去做拴猴子的木樁；長到三四圍粗，便被砍去充當棟梁；長到七八圍粗，就可以做整體的棺材了。真是毫不保留啊！

《莊子》原文

山木，自寇也；膏火，自煎也。桂可食，故伐之；漆可用，故割之。人皆知有用之用，而莫知無用之用也。——〈人間世〉

今譯

山中的木材，是因為長得好而自取採伐；油膏，是因為可以照明而自取煎燒。桂皮可以食用，所以被人砍伐；漆樹有用，所以被人割皮取漆。人們都知道有用之物的用處，而沒有人知道無用之物的用處。

注釋

自寇：自取砍伐。寇，採伐。

桂：桂皮，可供食用。

面對分歧，你要「求同」，還是「求異」？

自其異者視之，肝膽楚越也；自其同者視之，萬物皆一也。

莊子對於人的主體地位，有強烈的自覺意識。如果你站在自己一方看待他者，那麼當然你正確，而對方錯。但你換一個立場來看呢？別人也會認為他是正確的，而你是錯的。

這說明，世間許多事，其實要看從什麼角度來觀照。上面兩句的意思大抵如此。比如一味從差異的角度看，那麼即使是非常相似的雙胞胎，也能分辨出細緻的差異；專門從相似的角度來看，則人們常常會說：你孩子和你太像了！但我們都知道，即使最相像的父子，也不會比雙胞胎的相似程度更高。

莊子的這個說法，不僅對訴諸頭腦的分析有意思，而且可以給訴諸心的情緒以安慰。

宋代的蘇軾與友人泛舟赤壁，客人感嘆美好月光流逝，生命短暫。蘇軾的勸慰之言即脫胎換骨於《莊子》：「自其變者而觀之，而天地曾不能一瞬；自其不變者而觀之，則物與我皆無盡也。」（《赤壁賦》）

從變的角度來看，一切都在變化，天地也沒有一刻停止過變化，否則如何有滄海桑田呢？從不變的角度來看，則我們與萬物一樣，都沒有終結，我們不是都存在於天地之間嗎？

《莊子》原文

自其異者視之，肝膽楚越也；自其同者視之，萬物皆一也。——〈德充符〉

今譯

從差異的一面看，肝和膽相距就像楚國和越國一樣遠；從相同的一面看，萬物都是一樣的了。

心如止水，便無偏執

人莫鑑於流水而鑑於止水。

水是人類文明所必需的，人們不僅從水中汲取了生命的養分，而且在精神上，從水中也獲得了豐富的啟發。所謂「知者樂水，仁者樂山」（《論語．雍也》），是有道理的。老莊在儒家看來，無疑屬於智者而非仁者，他們對水便極青睞。

老子從水裡面，獲得了對宇宙大道的體悟。老子將世界分析成相反相成的兩方面，而「反者道之動」，萬事萬物都是向著自己的對立面演變的。比如草木剛生長出來的時候是柔脆的，而到了最後則變成枯槁的樣子。因此，老子的主張是站在柔下的位置，順應著事物的變遷，自然會走到強大的地步去。於是，他將水看作這一趨向的最好象徵：「天下莫柔弱於水，而攻堅強者，莫之能勝。」（《老子》第七十八章）

水滴石穿，不就是如此的嗎？

莊子關注到靜止的水而不是流動的水，他注意到只有靜止的水才能映照影像，而流動的水波光蕩漾，一切都在移動，無從把握。這是一個日常經驗，然而具有深切的意味：只有如同靜水那樣波瀾不興、略無偏執的心靈，才能了悟世間種種情狀。

《莊子》原文

人莫鑑於流水而鑑於止水。——〈德充符〉

今譯

人不能將流動的水當鏡子照，而只能將靜止的水當鏡子照。

注釋

鑑：照鏡子。

以「賢人」為鏡，照出自己的清靜

鑑明則塵垢不止，止則不明也。久與賢人處則無過。

鏡子在中外文化裡都有清晰映照的意思。法國斯湯達爾的小說《紅與黑》中曾以鏡子為喻，說明文學對生活應該如實呈現，既照見蔚藍的天空，也映現泥濘的道路。

中國先秦時代關於鏡子的比喻就不鮮見。莊子則在鏡子的比喻中談到了塵垢。如果要鏡子明澈，就得不讓它沾染灰塵，有灰塵則不能明晰映照了。

鏡子和灰塵結合一處作喻，在後世的思想傳統裡面也屢見不鮮，比如禪宗就以之喻指修行的重要。《壇經》中記載了北宗六祖神秀的詩偈：「身如菩提樹，心如明鏡台，時時勤拂拭，莫使染塵埃。」偈中以明鏡喻內心，希望時時拂拭染上的灰塵，保持它的清淨。

以鏡子的明鑑，來比喻賢人的映照作用，在後世也有很著名的例子，或許就是從莊子這裡學去的。唐太宗在著名諫臣魏徵故去之後曾說：用銅做的鏡子，可以照著端正自己的衣冠；以古代史實為鏡子，可以了解世道的興衰；以賢人為鏡子，可以知道自己的正誤得失。現在魏徵逝世了，我便失去一面鏡子了！（以銅爲鏡，可以正衣冠；以古爲鏡，可以知興替；以人爲鏡，可以知得失。我常保此三鏡，以防己過。今魏徵殂逝，遂亡一鏡矣。）

《莊子》原文

鑑明則塵垢不止，止則不明也。久與賢人處則無過。——〈德充符〉

今譯

鏡子明亮，就沒有落上灰塵；如果落上灰塵，就不明亮了。長久和賢人相處，就不會犯錯誤。

內在的美，才令人過目不忘

> 人不忘其所忘，而忘其所不忘，此謂誠忘。

人的形貌，是天生的，一般情況下，不會有很多改變的可能。然而人的內在修養，自己卻可以做很大的主。這兩方面表現於外，一是容貌的美，一是氣質的美。容貌的美是第一眼的，氣質的美是第二眼的。最初的印象，無疑是容貌的美具有壓倒性的力量，人皆有愛美之心，這個「美」主要是容貌形質的。然而逐漸地，氣質之美潛移默化地越來越透露出魅力。

衛靈公喜歡的人彎腰駝背，沒有嘴唇，頭頸還長了大瘤子（《莊子・德充符》：「闉跂支離無脤」、「甕盎大癭」）。如此形象，說一眼就會喜歡，絕對不可能，可以肯定的大概只是害怕，甚至厭惡。然而，逐漸取得國君的喜好，靠的是內在德性。「德」，既是「德性」之義，同時「德」者，「得」也，是指人內在地得自「道」的那部分。**得自「道」的「德」，是眞正應該把握的，應該牢記不忘的**；外在的那些東西，倒是不該或者乾脆就不必記住的。

喜歡醜陋者的內在，淡忘其外在，一個前提是其確實擁有內在的勝人之處，即是其「德」真「有所長」。否則，你讓我在忘記了外形的醜陋之後，記住什麼呢？

《莊子》原文

德有所長，而形有所忘。人不忘其所忘，而忘其所不忘，此謂誠忘。——〈德充符〉

今譯

如果有過人的道德，就會使人忘記他形體上的缺陷。人如果不忘記他應當忘記的（形體），卻忘記他不應當忘記的（德性），這才是真的忘記。

注釋

所忘：所應當忘記的，即形。

所不忘：所不應當忘記的，即德。

追求欲望的同時，也別被欲望所驅使

其耆欲深者，其天機淺。

天機，乃是合乎天道的自然本性。在莊子看來，它與人的種種欲望構成尖銳對立。欲望引發的一連串衝動和追求，會破壞人性本來的自然狀態，失去平衡。**其實所需有限，渴望獲取的卻遠遠超過了可以接受的程度**，莊子曾形象地點出：「鷦鷯巢於深林，不過一枝；偃鼠飲河，不過滿腹。」（《莊子．逍遙遊》）

一旦主要的精神消耗在這樣向外的追求之中，那麼生命本身的滋養便成為問題。天機淺，就是指這個意思。在知識上，莊子對於無限的知識追求也不贊成（《莊子．養生主》），畢竟知識的積累未必就會使得智慧增加，所以蓬頭垢面而讀詩書的人，不會是他所欣賞的形象。在物質上，我們看到過滿屋珍奇、珠光寶氣，人卻被逼得不能插腳的所謂收藏家，這可謂人為物役了。

蘇軾是宋代的全才人物，他喜好書畫，碰到喜歡的，總會收一些，但如果被人取去，也不怎麼當回事，並不痛感可惜，「譬之煙雲之過眼，百鳥之感耳」（《寶繪堂記》）。他非常清楚：「君子可以寓意於物，而不可以留意於物。寓意於物，雖微物足以為樂，雖尤物不足以為病；留意於物，雖微物足以為病，雖尤物不足以為樂。」

人都有欲望，對欲望，如同蘇軾之於物，不可「留意」，也就是不可「深」。這叫作保有「天機」。

《莊子》原文

其耆欲深者，其天機淺。——〈大宗師〉

今譯

那些貪求欲望太深的人，他們的自然根性就淺薄。

注釋

耆欲：即嗜欲，貪求欲望。

天機：體會自然之道的根性。

與其相濡以沫，不如各自放手

相呴以濕，相濡以沫，不如相忘於江湖。

「相濡以沫」，在今天無疑具有正面意義。莊子對此，並無異議。他能細緻觀察身處危險境地的魚兒們的動作和情誼，簡潔貼切地將它們傳達出來，沒有悲天憫人的同情心，是難以想像的。

然而莊子不同常人之處，或許正在平常人僅抱著一種想法的時候，他卻能有異乎尋常的感受。這種感受源於他超乎主流的立場。莊子從世界萬物的本然狀態考慮：魚就應該生活在水中，在水中牠們才能優游自在；脫離了水，就是脫離了生命的自然狀態，就是一種生存狀態的扭曲。因而，魚兒在陸地上，無論怎樣互相支持，努力求生，終究是可悲的。

回到人世，《莊子．知北遊》引述了老子的話，這番話原見於《老子》第三十八章：「失道而後德，失德而後仁，失仁而後義，失義而後禮。」仁義，在儒家的思想世界中，具有無可置疑的正面價值，但是老、莊等道家則尖銳指出：仁義不過是喪失了真正道德之後的次一等境界，**當眞正的道德尚存世間的時代，仁義是沒有必要的，就如同魚在水中的時候，相濡以沫的相互關切是沒有必要的一樣**。

仁義之類的正面價值是不需要的，那麼善惡的分別也就不必要。所以莊子接著就說：「與其譽堯而非桀也，不如兩忘而化其道。」聖人堯和暴君桀之間，就不必加以軒輊了，應該忘卻兩者，而同歸於道。

歸於道，則如魚回歸水，「魚相忘乎江湖，人相忘乎道術」。

《莊子》原文

泉涸，魚相與處於陸，相呴以濕，相濡以沫，不如相忘於江湖。——〈大宗師〉

今譯

泉水乾涸了，魚兒們一同困在陸地上，用濕氣互相噓吸，用口沫互相潤濕，雖然親密友愛，卻不如在江湖裡逍遙自在、互相忘卻的好啊。

注釋

呴：噓吸。

濡：潤濕。

強加於人，往往造成傷害

日鑿一竅，七日而渾沌死。

渾沌的寓言，充分表達了莊子的許多基本思想。

首先，渾沌形象體現了整全一體的意旨，它不是分裂的，不是支離破碎的，這是莊子有關世界原初狀態的象喻。

其次，「儵」、「忽」的意思是迅速快捷，暗示著時光的流逝。在時間的維度中，世界流變不居，也是莊子等古代哲人一再思考的問題。

再次，隨著時光流逝，整全的世界發生了分裂，這一分裂，宣示了本初狀態的結束，宣示了渾沌本性的死亡。這七天，不是創造世界的七天，而是毀滅的七天。

再一次，莊子對以分析的態度面對世界，抱持批評立場。無論這種分而析之，是儵、忽二位這樣「日鑿一竅」的行為，還是如惠施、公孫龍等名家知性上的精神活動。相反的，**應該以與萬物會通的態度，直面世間萬物的繽紛多彩**。

最後，以「人皆有七竅」的一般狀況，要求一切事物，並且不顧萬物各自的品性，將單一面貌強加於人，也是莊子所不能接受的。比如莊子就曾批評惠施以能盛水做為衡量葫蘆的唯一標準，那超過一般尺度的大葫蘆，何以不憑之浮游江湖之上呢？

如果要選一個最能代表莊子觀念的形象，我很可能投「渾沌」一票；如同對老子，我會投「水」一票。

《莊子》原文

南海之帝為儵，北海之帝為忽，中央之帝為渾沌。儵與忽時相與遇於渾沌之地，渾沌待之甚善。儵與忽謀報渾沌之德，曰：「人皆有七竅，以視聽食息，此獨無有，嘗試鑿之。」日鑿一竅，七日而渾沌死。——〈應帝王〉

今譯

南海的帝王是儵，北海的帝王是忽，中央的帝王是渾沌。儵和忽時常到渾沌所在的地方相會，渾沌對他們很好。儵和忽就打算要報答渾沌的恩情，商量說：「人都有七竅，用來看、聽、飲食、呼吸，只有渾沌沒有，我們試著給他鑿開七竅吧。」於是他們每天給渾沌鑿開一竅，到了第七天渾沌就死了。

注釋

儵、**忽**：「儵忽」是敏捷迅速的樣子。

時：時常。

斤斤計較，反而容易失去方向

小惑易方，大惑易性。

有一種人，所謂「小事犯迷糊，大事不糊塗」。這種人出門可能丟三落四，總迷路，但在大的選擇關頭，在人生的重要岔路口，卻能瞻前顧後，做出恰當的選擇。照莊子的說法，這樣的人屬於「小惑」，而非「大惑」。「小惑」迷失的是方向，「大惑」迷失的則是根本，是本性。林中歸鳥認得還巢的路，是不犯「小惑」，而「鳥為食亡」，則是陷於「大惑」。

能無「大惑」，得有過人的智慧。陶淵明可以算一個。他也曾出仕，奔走宦途。然而，他最終「實迷途其未遠，覺今是而昨非」（《歸去來兮辭》），省悟到自己「少無適俗韻，性本愛丘山」（《歸園田居》其一），在本性上是喜好自然而不是喧囂的官場，於是毅然抽身而退，在田園中尋得安身立命之所。陶淵明正是「大惑易性」的反面。

人世間有許多這樣的情形，**一個並無世俗意義上輝煌成功的人，或許是眞正把握了自己的本性而無「大惑」的人**，而一個事事算計得極清楚，似乎步步走得都很聰明的人，或許正身困大惑之中而不覺，大步走在背離自己本來真性的大路上。

《莊子》原文

小惑易方，大惑易性。——〈駢拇〉

今譯

小的迷惑，只會搞不清東南西北；大的迷惑，卻會使性情錯亂。

注釋

方：方向。

「名聲」誠可貴，「生命」價更高

事業不同，名聲異號，其於傷性以身爲殉，一也。

在現世，莊子最關切的是人的生命，是能保守自己的天性，是可以從容地安度天年，不夭折也不妄圖延續永久。

然而，**在生命的途程中，總有許多誘惑發生，總有許多義務要盡，於是便有許多的選擇等待著我們**。發生的具體問題常常是不同的，而且此一問題對一類人是個難題，對另外一類人或許根本不算什麼。比如所謂「利」，斗筲之輩汲汲以求，至於聖人，自然不會為了蠅頭小利而失去方向，以其所挾持者高遠。但是大有大的難處，任何人都有其限制，他面對自己在意的「天下」時，便往往會與「小人」為利一樣，做出喪生的選擇。

或許，聖人對為天下而喪生，有著清楚的自我意識，這是他主觀抉擇的結果，與小人之不由自主奔忙利益、招致喪亡有所不同。孔子說過：「志士仁人，無求生以害仁，有殺生以成仁。」（《論語．衛靈公》）孟子也表達過：「生，亦我所欲也，義，亦我所欲也；二者不可得兼，舍生而取義者也。」（《孟子．告子上》）顯示出非同一般的氣概。然而，莊子要問：這就對了嗎？無論為了什麼，最終都是喪失了現世中最可寶貴的生命，聖人與小人在「傷性以身為殉」這一點上，不是一樣的嗎？

《莊子》原文

小人則以身殉利，士則以身殉名，大夫則以身殉家，聖人則以身殉天下。故此數子者，事業不同，名聲異號，其於傷性以身為殉，一也。——〈駢拇〉

今譯

庶民為了利益而犧牲自身，士為了名譽而犧牲自身，大夫為了家族而犧牲自身，聖人則為了天下而犧牲自身。所以這些人雖然所從事的功業不同，名聲也各異，但他們都傷害自己的本性，犧牲自身來追尋其他的東西，就這一點來說卻是一樣的啊。

注釋

小人：庶民、普通民眾。

殉：犧牲。

家：家族。

若迷失自我，君子也與小人無異

其殉一也，則有君子焉，有小人焉。

既然都是「傷性以身為殉」，犯的錯在根本上是一致的，那麼，何必軒輊其間呢？仁義、財貨之間的差別，是一般世俗觀念所產生的，似乎追求的目標有此高尚而彼低下之異，所以君子、小人便有了不同的名號。其實，有必要嗎？就好比都是犯了偷竊罪，一定要在偷竊中分出這位偷的是錢幣，那位偷的是黃金，又有多少意義呢？偷竊都是將不屬於自己的東西占為己有，或許偷得的東西價值有高低，但你能說因為這位偷的東西比那位少了兩百元，就不是偷了嗎？

莊子給出的例子是伯夷和盜跖。伯夷原來是孤竹國的王子，認為周武王討伐暴君商紂的行為是以下犯上，所以去攔擋武王的馬頭，沒有成功，於是堅持原則，義不食周粟，最後餓死在首陽山。盜跖則率「九千人，橫行天下」、「驅人牛馬，取人婦女」（《莊子．盜跖》），是一個著名的大強盜，最後死於東陵。他們之間有為「義」和為「利」的不同取向，但都是為自己所追求的東西而死，都是在追求中**迷失了自我的根本**。

如果真有陰間，伯夷大約不會認盜跖為同道，但估計盜跖會引伯夷為同志，因為他也是講「聖」、「勇」、「義」、「智」、「仁」的。

《莊子》原文

天下盡殉也：彼其所殉仁義也，則俗謂之君子；其所殉貨財也，則俗謂之小人。其殉一也，則有君子焉，有小人焉。——〈駢拇〉

今譯

天下的人，都為了某種目的而犧牲自己：如果他為了仁義而犧牲自身，世俗就稱之為君子；如果他為了錢財寶貨而犧牲自身，世俗就稱之為小人。他們在犧牲自己這一點上並無不同，卻有所謂君子和小人的差別。

盜亦有道，是有德還是無德？

五者不備而能成大盜者，天下未之有也。

強盜也有「道」？也講「聖」、「勇」、「義」、「智」、「仁」？這真是驚世駭俗、聳動視聽之言！

然而，這其實並不奇怪。「道」原來就可以有許多的理解，諸子各有其「道」。

唐代的文章大家韓愈，有一篇重要的復興儒學的鴻文，叫《原道》，開篇就說：「博愛之謂仁，行而宜之之謂義，由是而之焉之謂道，足乎己無待於外之謂德。仁與義為定名，道與德為虛位。」他明確指出「道」指循此而行的路徑，「德」是不必從外邊援引進來而內在就有的，兩者是所謂「虛位」，內裡可以充實不同的意義進去；而「仁」之謂「博愛」，「義」乃合理的應當行為，它們則是有特定意謂的，體現了儒家的觀念。

既然「道」、「德」是「虛位」，可以內置不同的價值，何以儒家可以用，道家可以用，而「盜」就不可以用呢？盜跖講的所謂「聖」、「勇」、「義」、「智」、「仁」，雖然利用的似乎是儒家名號，但都與「盜」的行為過程密切結合：知道在哪裡能獲得利益，身先士卒打頭陣，撤退時把安全讓給同伴，把危險留給自己，明白事情能否成，分贓公平均等，可謂集如何做一個「大盜」的經驗之大成。莊子的辛辣機智於此畢現，同時也啟發我們考慮一個問題：

一般所謂的正面價值，眞的始終具有正面的用處嗎？

《莊子》原文

跖之徒問於跖曰：「盜亦有道乎？」跖曰：「何適而無有道邪？夫妄意室中之藏，聖也；入先，勇也；出後，義也；知可否，知也；分均，仁也。五者不備而能成大盜者，天下未之有也。」——〈胠篋〉

今譯

盜跖的徒眾問盜跖說：「盜賊也有自己的道嗎？」盜跖回答：「世上哪裡沒有道呢？能夠以自己的心智揣測屋裡的寶物，這就是聖；行動時率先進入，這就是勇；撤退時斷後離開，這就是義；能夠判斷情勢，決策可否，這就是智；分贓均等而不偏私，這就是仁。以上五種品質不具備而能成為大盜的人，是沒有的啊。」

注釋

跖：盜跖，春秋時的大盜。

何適：哪裡。

妄意：猜測。

「聖人之道」也能為惡人所用

善人不得聖人之道不立，跖不得聖人之道不行。

聖人治理天下的理念，以及隨之建立起來的制度，在歷史上自然具有正面的意義。然而，這些東西正如老子所謂，是「國之利器」。既然是「器」，則人人得以用之。

我們已經看到盜跖利用「聖」、「勇」、「義」、「智」、「仁」等儒家推崇的價值，總結了做為大盜的經驗。這豈不說明聖人之道，有益於善良人民生活的同時，大盜也可利用來達到自己的目的？「聖人之道」，莊子看來只是「器」，其正面或負面的意義，要看運用者如何。世間的許多設想、制度，多是如此，它們可以提供一個行為的原則和保證，但同樣的行為，在不同目的指引下，完全可能具有不同的意義：一條寬闊的大道，可以提供消防車迅速駛過，也可以讓壞人很快跑掉。

莊子對「聖人之道」提出另一側面的觀照，壞人可能用了好玩意兒，好玩意兒幫了壞人的忙。你想，如果沒有那套儒家的價值範疇，盜跖得花多少腦筋來提煉自己的經驗啊！莊子還舉了一個日常生活的例子：人們為了防止偷竊，往往將箱子櫃子鎖牢捆緊，這當然沒錯，但來了大盜，整箱扛了走，他倒唯恐你鎖得不牢，捆得不緊。正因為原來弄得好，才造成更壞的後果。

莊子進一步指出，因為天下好人是少數，而壞人是多數，那麼壞人利用「聖人之道」的機率，要大大超過好人，故整體而言，「聖人之道」對天下是利少弊多的。

這裡，透露出莊子對人的悲觀，與儒家比如講「性善」的孟子截然有異。

《莊子》原文

善人不得聖人之道不立，跖不得聖人之道不行。天下之善人少而不善人多，則聖人之利天下也少而害天下也多。——〈胠篋〉

今譯

好人不具備聖人之道，就不能立身；盜跖不具備聖人之道，就不能橫行。天下的好人少而壞人多，這樣看來，聖人對天下有益的時候少，而禍害天下的時候多了。

時時對「權力」保持懷疑，自身才會清明

竊鉤者誅，竊國者爲諸侯，諸侯之門而仁義存焉。

前面提到的那個將箱櫃整個扛走的故事，已經提示我們，有大盜、小盜之別。小盜是偷帶鉤之類玩意兒的，而大盜竟至於偷盜整個國家。這不是莊子的寓言，而是他親眼所見的驚心動魄的歷史。

齊國是當時的一個大國，村落相望，雞犬之聲相聞，人民漁牧耕織，宗廟社稷乃至行政組織，秩序井然。然而齊國大夫田氏專權篡位，經過數代之後，完全取原來的齊國國君而代之，雖然其行徑猶如盜賊，而「身處堯舜之安，小國不敢非，大國不敢誅」，就這樣將齊國整箱扛走了。看齊國國內，一切照舊，生活、社會和政治格局未見動盪，田氏將原來的政治架構完全繼承下來。莊子一針見血地指出：這是將齊國及

其「聖知之法」一併竊取了。

這時，「聖知之法」成為竊國者最有效的工具，而且，可以想見，盜取別人國家的人，還會繼續標榜那些價值，比如忠、義之類。後代歷史中，改朝換代後，新朝對於忠於前朝、曾竭力反對新朝的人仍給予一定的尊重乃至表彰，便是此類表證。這時候，「忠」之類的價值，不再具有現實的危險，而可以成為維護體制及其政治合法性的利器，是展開在赤裸裸暴力拳頭旁邊的另一隻手。

這就是「諸侯之門而仁義存焉」，權力掌控了道義，道義與權力合媾一處了。

《莊子》原文

竊鉤者誅，竊國者為諸侯，諸侯之門而仁義存焉。——〈胠篋〉

今譯

偷了一只帶鉤，就要被砍頭；偷了整個國家，卻能做諸侯。諸侯的門庭，正是仁義存在的地方啊。

注釋

鉤：帶鉤，古人用來束緊腰帶的部件。

「無為而治」的上乘管理心法

> 君子不得已而臨蒞天下，莫若無爲。

莊子頭腦中，最好不要去擔當高高在上的統治者角色。〈逍遙遊〉裡面，堯要將天下交給許由，許由堅決推托了，說：「你已經治理得不錯了，我就不必越俎代庖了吧。」在自己的生活中，他也謝絕了楚王請他任相的邀請，寧願在泥塘邊釣釣魚。（《莊子‧秋水》）

如果不得不出來做事，怎麼辦呢？「無為」。這「無為」並不是說一切都放下，什麼也不幹的意思，而是指能**依循著世間事物自然的變化消長，而不強爲、不妄爲。**揠苗助長，就是妄為、強為。柳宗元有一篇文章，講一個姓郭的駝背很會種樹，他的訣竅不過是讓樹的根鬚舒展開來、培土要均勻之類，種完之後就調頭不顧了，不再去妨害樹的自然生長，讓它的天性得以保全。（《種樹郭槖駝傳》：「不害其長而已」、「其天者全而其性得矣」）郭槖駝深得「無為」之三昧。

道家在政治上一貫主張「無為」，《老子》五千言，便反覆致意於此，諸如「聖人處無為之事，行不言之教」（第二章），「為無為，則無不治」（第三章），「愛國治民，能無為乎」（第十章），「聖人云我無為而民自化」（第五十七章）。這些與莊子的表述一脈相承。

奉行「無為」的政治原則，其最高的境界乃是下面被治理、被統治者感覺不到統治者的存在。敬愛而讚美的已然等而下之，至於畏懼或輕侮統治者的，更不足論了。（第十七章：「太上，下不知有之。其次，親而譽之。其次，畏之。其次，侮之。」）

《莊子》原文

君子不得已而臨蒞天下，莫若無為。——〈在宥〉

今譯

君子如果迫不得已要統御天下，最好的辦法莫過於無為而治。

注釋

臨蒞：統治、治理。

寧可「勞力」，也不「勞心」

有機械者必有機事，有機事者必有機心。

人類進化過程中，一個重要的里程碑就是製造和使用工具，人們不再是赤手空拳打天下，應付種種外在的威脅和生活的難題。然而，在《莊子》中有一個人卻反對新工具的使用。

孔子的弟子子貢，有一次經過漢水南岸，看到一個老人正在灌溉菜園。他開隧道通水井，抱著瓦罐來澆菜，看他很吃力，效益卻很小。子貢就向他推薦用力少、效益大的抽水機械，用木頭砍鑿而成，前面輕，後面重，水可以抽得很快。老人聽了之後，非但沒有感謝子貢，而且忿然變色，指責子貢：「運用機械乃是機巧之事，有了機巧的事，必定有機巧之心；內懷機心，那麼心中就不再純真質樸，於是精神不寧，那怎麼承載得了大道呢？我不是不知道運用機械，而是以之為羞而不那麼做罷了！」（有機械者必有機事，有機事者必有機心。機心存於胸中，則純白不備；純白不備，則神生不定；神生不定者，道之所不載也。吾非不知，羞而不為也。）

從實際表現上看，老人確實是排斥機械，但他的話也很明顯地表明，他是醉翁之意不在酒，反對的根本原因不在機械，而在於使用機械便會生出機心，使得本性就此扭曲。

因此，莊子寧可勞力，而不願勞心。

《莊子》原文

有機械者必有機事，有機事者必有機心。——〈天地〉

今譯

有機械，就有了技巧；有技巧，就有了機心。

維持自然本性，就是最美的事

> 樸素而天下莫能與之爭美。

「樸素」這個詞很平常，看上面這句話，或許會理解作：簡單平淡就是最美的。這麼解釋當然難說就是錯，不過，還不是莊子真正的本意。不妨問一下：老虎身上的斑紋，很是繁複，這算美嗎？其實，這裡所謂「樸素」，不應當從樸素簡淡的美學風格上去理解。

這要從「樸」、「素」本來的意思說起。這裡的「樸」，指未經砍伐加工之木，東漢王充的《論衡・量知》有解釋：「無刀斧之斷者謂之樸。」「素」則是未曾染過的布帛，現在說「素面朝天」，就是這個意思，指沒有塗抹妝飾。「樸」和「素」合在一起，成為一個詞，它們之間的共同點構成了「樸素」的真正意旨，即保持了本來性狀、未經裝點改易。

這層意思，〈天地〉篇有一個譬喻講得清楚而精采：百年的大樹被剖開，一部分做成祭祀時的尊貴酒器「犧尊」，且塗飾得色彩青黃斑斕；其餘部分則被拋棄溝壑。這兩者，在世俗的眼光看來，或許有美醜高下之區別，但在喪失其本來性狀上則是一般無二的。（百年之木，破爲犧尊，青黃而文之，其斷在溝中。比犧尊於溝中之斷，則美惡有間矣，其於失性一也。）

很清楚，莊子心中，**至高的不是美，而是保守本性的純眞，美是本性之眞的結果。**那麼，老虎的斑紋天生如此，莊子一定也會頷首認可其美，而不會強指為醜的。

《莊子》原文

樸素而天下莫能與之爭美。——〈天道〉

今譯

質樸本初，天下沒有比這更美的了。

「大智慧」不在書本裡，而在你手上

君之所讀者，古人之糟魄已夫！

莊子對言語表達精微意義的能力，一直持懷疑態度。他在〈秋水〉篇中，已經明確表示了言語之類對「道」是無能為力的，只有對現實世界中屬於「物之粗」的部分，言語才有效，「物之精」那一部分，主要靠意想（可以意致）。

「物之粗」，我們都可以理解，便是實實在在、具體可感的物件。那麼「物之精」是指什麼呢？且看下面這個故事。

一次，國君桓公正在殿堂之上高聲讀書，做車輪的工匠，名叫扁，放下手頭的工具，走近桓公問：「您所讀的是什麼呢？」桓公答：「聖人的言論。」「聖人還在世嗎？」「過世了。」「那麼您讀的都是古人的糟粕啦！」桓公生氣了：「寡人在讀書，你一個做車輪的匠人，怎麼可以亂議論！說出道理就罷了，說不出理由就得論死罪。」輪扁於是回答道：「我就以我從事的工作來說吧。砍斫車輪，榫頭如果寬鬆就不牢固，如果緊密就難以插進去，要正正好好，手上有那樣的感覺，心裡明白，卻沒有辦法說出來，這裡面確實有分寸、有技巧（得之於手而應於心，口不能言，有數存焉於其間），但我沒法告訴我的兒子，我兒子也無法從我這兒領受到，所以我現在七十歲了，還在這兒斫輪子。古時候的人過去了，他們那些不能傳達的東西也過去了，您讀的這些都是古人的糟粕啊！」

如果輪扁只是在談論車輪如何如何，那尚屬「物之粗」。但他談論的是斫輪的技巧分寸，雖然也是言語無法充分傳達的東西，**卻可以由手上的實踐功夫逐漸體會，心領意致**，這正是所謂「物之精」。技藝雖然高妙，但還不是「道」，它面對的還是「物」的世界。

回到桓公，莊子沒有告訴我們他是否接受了輪扁的言論。或許他就此拋下書本，跟著輪扁去學斫車輪了。文惠君從庖丁解牛中領悟養生之道，桓公或許也會領悟些什麼吧。

《莊子》原文

君之所讀者，古人之糟魄已夫！——〈天道〉

今譯

國君您讀的，是古人的糟粕啊！

盲目的模仿，只能擬態而已

彼知矉美而不知矉之所以美。

「樸素而天下莫能與之爭美」，保守天然本性就是美，由此，就可以真正理解東施效矉故事的意思了。

西施之矉，之所以美，其實不在她是美人因而一切皆美，而是因其「病心」，這是出自真「心」的。而東施效矉之所以醜，也不是因為她原本就醜，而是她並未「病心」，故而其矉非出本心，純屬模擬造作。東施一意追求世俗所認同的美，矯揉偽飾，導致喪失了自己的本真。可以設想，如果西施沒有「病心」而「矉」，恐怕莊子也會笑話美人的吧。

這種違逆自己本性，而盲目認同並追逐世間一般價值的作爲，是莊子一貫譏諷的。那個有名的「邯鄲學步」的故事，也不妨從這個角度去理解：燕國壽陵地方的一位年輕人，到趙國的邯鄲去學那裡的步態，結果沒學好新的，原來走路的步法也忘了，只好爬回老家去。（《莊子．秋水》：「獨不聞夫壽陵餘子之學行於邯鄲與？未得國能，又失其故行矣，直匍匐而歸耳。」）這不也是失其本來固有的結果嗎？

其實，「矉」不過是形跡，效矉是東施錯誤的外在表現，如果要以莊子口氣來批評的話，那該是「東施效心」。

《莊子》原文

西施病心而矉，其里之醜人見之而美之，歸亦捧心而矉。其里之富人見之，堅閉門而不出；貧人見之，挈妻子而去之走。彼知矉美而不知矉之所以美。——〈天運〉

今譯

西施因為心病而皺著眉，和她同鄉的一個醜女看見了，覺得很美，回來以後也按著胸口，皺起眉頭。村裡的富人看見她的醜態，緊緊地關上大門不敢出來；窮人看見她的醜態，帶上老婆孩子走得遠遠的不敢接近她。她雖然知道皺眉很美，卻不知道皺眉為什麼美啊。

注釋

顰：皺眉的樣子。
捧心：撫著胸口。
挈：帶領。
妻子：妻子和孩子。

好的制度，應該要「與時俱進」

水行莫如用舟，而陸行莫如用車。

現實中恐怕沒有人會推舟於陸，行車於水。就算如此，「沒世不行尋常」還是好的後果，大不了步蝸牛後塵罷了。車入水中，那叫作滅頂之災，只有在飛車追逐的電影裡面能看到吧？

我們看這字面，大致是說一定的行為要符合一定的條件，違反外在條件的特點和限制，勉強去做，是不會有成效的。而莊子的本意，是以此批評儒家的治世觀點。孔子希望損益三代，師法先王，克己復禮，重整當時禮崩樂壞的時代。而在莊子看來，過去的世界，即使是黃金時代，也與現在相隔相遠，猶如水、陸之不同，如果要將周禮實行於當今孔子的故鄉魯國，結果大約也就是推舟於陸，行車水中之類了。（古、今非水陸與？周、魯非舟車與？今蘄行周於魯，是猶推舟於陸也，勞而無功，身必有殃。）莊子提出，**所有治世的禮義法度，都應該「應時而變」，與時俱進**。你取來古代聖人周公的衣服，給一隻猴子穿上，猴子會高興嗎？牠一定拚命掙扎，撕咬拉拽，全部脫去而後快。

莊子形容得生動，舊禮義不能實施於今世的道理也講得分明。不過，有趣的是，就這裡來看，莊子似乎只反孔子，不反周公，他也認同周公的一套禮義制度還是不錯的，只是現在的時代真不是人世，而只是動物界了。

《莊子》原文

水行莫如用舟，而陸行莫如用車。以舟之可行於水也，而求推之於陸，則沒世不行尋常。——〈天運〉

今譯

在水中運行，沒有比船更好的工具了；在陸地上運行，沒有比車更好的工具了。如果因為船能在水中運行，就也想要在陸地上開船，那麼終其一生，也是無法使其移動多少的。

注釋

沒世：終生。

尋常：八尺為「尋」，一丈六尺為「常」，這裡形容很短的距離。

越是辛勞，越要放鬆

形勞而不休則弊，精用而不已則勞，勞則竭。

道家高度重視生命的保養，而生命的基本層面可以分為形與神。在形、神兩方面，都不應該過於勞苦。

關於前一方面，《莊子・達生》篇有一個故事，形容得很生動。東野稷善於駕馭馬車，他去見魯莊公，馬車的進退筆直如走直線，轉彎也很完美，軌跡如同圓規畫出來那麼圓。魯莊公看了很是驚嘆，以為堪稱古今第一，於是請東野稷駕車再多打幾個轉。顏闔見了，就對莊公說：東野稷的馬就要不行啦！莊公不以為然，沒作聲。不一會兒，果然不行了。莊公問顏闔：「你怎麼知道的呢？」顏闔說：「馬已精疲力竭了，還要強求牠，自會不行的。」

至於精神方面，也是如此。在西方，有所謂閒暇是思想的溫床之說。在中國，南朝齊梁年間的劉勰，寫了一部中國古代最為系統的文論著作《文心雕龍》，其中談到文學創作這一精神活動的時候，就特別強調不能精神疲竭緊張，而應該在從容輕鬆（從容率情，優柔適會）的狀態下進行。歷史上雖有所謂苦吟詩人，似乎是一個相反的例子，但往往用力費神極大，所得卻有限，比如唐代的賈島「獨行潭底影，數息樹邊身」、「兩句三年得，一吟雙淚流」。苦吟詩人終究不能是主流吧。

現代社會中，形神身心的雙重保養，仍是一個重要的問題，甚且更其突出。**越是辛勞，越要放輕鬆**，「閒暇」不是已引起人們高度關注了嗎？

《莊子》原文

形勞而不休則弊，精用而不已則勞，勞則竭。——〈刻意〉

今譯

形體持續地勞作而不休息，就會疲倦；精力持續地運用而不停歇，就會辛勞，而辛勞就會衰竭。

注釋

弊：疲倦。

精：精力。

地位權勢皆是偶然，一時擁有並非真正的快樂

軒冕在身，非性命也，物之儻來，寄也。

李白有詩云：「人生得意須盡歡」（《將進酒》）。他所謂的人生得意，或許是得以施展平生政治抱負：「為君談笑定胡沙」（《永王東巡歌》十一首其二）；或許是飛升道家仙境：「霓為衣兮風為馬，雲之君兮紛紛而來下；虎鼓瑟兮鸞回車，仙之人兮列如麻。」（《夢遊天姥吟留別》）詩仙的快樂是有緣由的，而這緣由，在莊子看來，或許並不真正值得快樂：莊子對於世俗的功業，不以為然；對於生命的長生久視，也認為是「非自然」。

世人看重的地位權勢，莊子以為是偶然而來，也將偶然而去。〈田子方〉一篇有孫叔敖的故事，肩吾問他：「為何三次出任令尹又三次下任，卻沒有喜怒哀怨的表

現？」他回答說：「這一切來的時候不可推卻，去的時候不能挽留，得失都不由我做主，所以沒有憂色，我有什麼過人之處啊！」（肩吾問於孫叔敖曰：「子三爲令尹而不榮華，三去之而無憂色。吾始也疑子，今視子之鼻間栩栩然，子之用心獨奈何？」孫叔敖曰：「吾何以過人哉！吾以其來不可卻也，其去不可止也。吾以爲得失之非我也，而無憂色而已矣。我何以過人哉！」）**權勢地位都不是性命本來固有的，是偶然而來的，是暫時寄於我身而已。**

莊子傾心的是真正的、純粹的快樂，這種快樂植根於生命本身，植根於人的本性之中。能保全生命的本然，乃是最值得快樂的。這種快樂不會因為世俗所認可的種種外在價值而增減，這才是莊子所認可的「得志」。

《莊子》原文

古之所謂得志者，非軒冕之謂也，謂其無以益其樂而已矣。今之所謂得志者，軒冕之謂也。軒冕在身，非性命也，物之儻來，寄也。——〈繕性〉

今譯

古人所謂的適意自得，並不是指擁有權勢富貴，不過是說極為快樂、無以復加罷了。現在所謂的志得意滿，卻正是指擁有權勢富貴。要知道權勢富貴雖然為我所有，卻並非自己的性命，只不過是出乎意外而獲得的東西，偶然寄託在自己身上而已。

注釋

得志：適意自得。

軒冕：軒是車子，冕是冠帽。軒冕指榮華富貴，厚祿高位。

儻來：出乎意外、忽然而來。

盲目追流行，心靈也會變得盲目

喪己於物，失性於俗者，謂之倒置之民。

倒置，就是顛倒過來的意思。「物」是相對於「我」（己）而言的，「俗」則對立於「真」。**喪失了自我，喪失了本眞，便是顚倒**。

在外物和自我之間把持不住重心所在，一味追逐外在的東西，而不能反躬自省，進而自珍，此類情況古今可謂多矣。「人為財死，鳥為食亡」，「財」與「食」便是這樣的外物。試想，獲取「財」、「食」的目的何在呢？不就是為了生存，為了生活得更自在些嗎？然而竟為了手段而喪失了目的，生命都失去了，「財」、「食」讓誰享用呢？

世間流俗的觀念對人們的左右力量，亦是非常強大的，尤其現代社會，資訊的發達和充分流通，使得一般觀念之流行遠遠超越以往。以往一個觀念的大範圍覆蓋，需要很久的時間，而今「風起於青之末」，迅疾「盛怒於土囊之口」（宋玉《風賦》）；效應也可以很大：巴西的蝴蝶扇動翅膀，紐約就會有一場暴雨。還有多少人能免於世俗的影響呢？而這樣廣泛流行的東西，有多少真正符合你的個性？比如巴黎發布的流行色，與東方人的體貌膚色乃至審美取向，契合度究竟多少？

問題不在差異，現代世界前所未有的豐富性，提供了欣賞差異的機會。問題是「見異思遷」，看到差異之後，不顧自己的情況，企慕追攀，喪失了自己的本真。

《莊子》原文

喪己於物，失性於俗者，謂之倒置之民。——〈繕性〉

今譯

為了外物而犧牲自己，為了趨附世俗而喪失本性，這就叫作本末倒置的人。

注釋

倒置：被倒過來放，本末顛倒。

離開同溫層，不做「井底之蛙」

曲士不可以語於道者，束於教也。

這是《莊子．秋水》篇中北海若開導自大的河伯的話。細加分析，是以兩個比喻，類推出一個結論。前兩句（井蛙不可以語於海者，拘於虛也；夏蟲不可以語於冰者，篤於時也）是比喻，後一句（曲士不可以語於道者，束於教也）是結論。對井蛙而言，「虛」即所居之井，就是牠所生活的有限空間，由此而有了喻指識見狹隘、自鳴得意的成語「井底之蛙」。「夏蟲不可以語於冰」，突出的是「時」的維度。這兩句將空間、時間兩個維度包攬無遺，透闢地指出「小知不及大知」（《莊子．逍遙遊》）的緣由，根本在其生存的環境。

兩句相對「曲士不可以語於道者，束於教也」，尚屬鋪陳性的譬喻。「曲士」，乃識見寡陋偏執的人，《莊子》多次言及，如〈天道〉以「辯士」為「一曲之人」，〈天下〉稱「不該不遍」者為「一曲之士」。曲士之不能明道，是受到了他所接受的知識教養的限制，這是一個值得玩味的說法。依照通常理解，知識是正面的，但在道家看來，知識在肯定某些事物的同時其實也就在否定另外的一些事物，在給予的同時也便在剝奪：知識本身是對宇宙整全性的一種破斥。〈天下〉篇有一警語：「判天地之美，析萬物之理，察古人之全，寡能備於天地之美。」「判」、「析」、「察」云云，都是離散、分析的意思。對世間種種事物加以解釋、加以條理，以構成系統，這是知識的基本特徵，而這正是〈天下〉所謂「判」、「析」、「察」。

這是不是一種簡單的反對知識的觀念呢？恐怕也不能這麼說。《莊子》提出的警示是要我們**察覺知識的有限性**，在照察一隅的同時，明瞭它對其他方面或許存在盲視，尤其當你固執於自己的照察之時。相對於知識，教養具有更強烈的文化特性，而**任何文化都不能放諸四海而皆準**。〈逍遙遊〉說宋國有人到南方的越地去賣禮帽，但是越人的頭髮都是剪短的，紋身而裸體，禮服之類對他們完全多餘。（宋人資章甫而適諸越，越人斷髮文身，無所用之。）宋人是殷商人的後裔，「章甫」乃是殷人的傳統禮帽，對宋人而言乃毋庸贅言的文化表徵，然而企圖推銷越地，那不能不說是反而受困於自己的文化認知了。

《莊子》原文

井蛙不可以語於海者，拘於虛也；夏蟲不可以語於冰者，篤於時也；曲士不可以語於道者，束於教也。——〈秋水〉

今譯

井裡的青蛙，無法讓牠理解大海，是因為牠被生存的地域限制住了；夏天的蟲子，無法讓牠理解冰雪，是因為牠被生存的時間限制住了；固執於偏見的人，無法讓他理解大道，是因為他被所接受的教育限制住了。

注釋

虛：通「墟」，地域空間。

篤：限制。

曲士：執著於固有偏見的人。

教：教育、知識。

傳達不出的話語，就以真心表達

> 言之所不能論，意之所不能察致者，不期精粗焉。

歷來認為莊子對語言持很大的懷疑態度，取「言不盡意」的觀點。這麼理解，一般而言是不錯的，但太過絕對也會有問題。比如，可以問：如果一切言語都不能真切表達主觀意思，那麼莊子如何與人進行交流呢？豈不是說了也白說嗎？

其實，莊子的考慮要更精微。他對世上的事物有一個分析，一類是所謂「有形」的，一類則是「無形」的。無形的一類，正是不能精細把握的。有的很小，不可再分；有的極大，不可包圍。簡而言之，這些無形的存在，無法以語言加以描繪和把握。至於有形的一類，莊子進一步分為精、粗兩類。「粗」的部分，莊子明確說是「可以言論」的；「精」的部分，則言語難以精確傳達，不過「可以意致」，所謂「意致」，即是用意念活動加以把握。「精」、「粗」之類，對於「無形」的存在是沒有意義的，「無形」超越精、粗之外。

那麼，所謂「無形」和「有形」究竟所指為何？《則陽》篇有一句話，很適合拿來解釋：「言之所盡，知之所至，極物而已。」意為言語與知性能抵達的最遠邊際，即是「物」。在莊子的觀念世界中，「道」與「物」是相對應而言的，〈秋水〉篇曾對舉二者：「道無終始，物有死生。」「物」是這個世界中的現象，有生有滅；而**「道」具有永恆性，超越生滅之外**。於是，我們了解了，莊子的基本觀點乃是，言語對於物質世界的現象乃至條理，是可以把握和傳達的，而對於「道」則無能為力。

這樣，如果我們有幸遇到莊子，至少，我們可以談論具體的現實世界，比如今天的天氣。至於「道」，我們還是不談為好，以免他又說出「道在屎溺」（《莊子・知北遊》）之類的話。

《莊子》原文

精粗者，期於有形者也；無形者，數之所不能分也；不可圍者，數之所不能窮也。可以言論者，物之粗也；可以意致者，物之精也；言之所不能論，意之所不能察致者，不期精粗焉。——〈秋水〉

今譯

精細和粗大，只能用來評判有形有質的東西。至於微小到無形無跡的東西，是不能用數目來衡量分析的；巨大到不可限量的東西，也是數目所無法窮盡的。可以用言語來評論的，是那些粗大的東西；可以用意念去察覺的，是那些精細的東西；至於那些言語所不能評論，意念也察覺不到的東西，就不是能從精細粗大這樣的角度來評判的了。

注釋

期：期許。這裡引申為適合的評判方式。

不可圍：沒有邊界、不可限量。

道不同，不相為謀？其實不必太計較

以道觀之，物無貴賤；以物觀之，自貴而相賤。

莊子的思想世界中，「道」與「物」之間隔著鴻溝，它們屬於不同的世界。「道」是整全的，超乎個別的「物」之上，所以對於貴賤之類區別，並不執著，故曰：「物無貴賤。」至於「物」，則是個別的、自我的，因而種種區別性的範疇如貴賤、小大，做為確立自我的重要標誌，被突出出來。常見的情形是，賦予自我更高的價值地位而加以肯定，同時對他者作出較低的價值評斷加以貶斥，即「自貴而相賤」。

這樣的情況在歷史和現實中是很多的，比如百家爭鳴的時代，有所謂「道不同，不相為謀」的說法（《論語．衛靈公》）。司馬遷《史記．老莊申韓列傳》將孔子的這句話，移來評說儒、道之爭：「世之學老子者則絀儒學，儒學亦絀老子，『道不同，不相為謀』，豈謂是耶？」這是可以想見的身處爭論漩渦中的態度。而今天，人們津津樂道的，是中國文化傳統中的儒道互補，它們共同構成中國文化的精神傳統。

這麼說，我們是站在「道」的立場上啦。

《莊子》原文

以道觀之，物無貴賤；以物觀之，自貴而相賤。——〈秋水〉

今譯

從道的立場來看，世間萬物齊同，無分貴賤；從事物自身的角度來看，萬物都自以為貴而互相賤視。

平等對待彼此，便是萬物之道

鴟鵂夜撮蚤，察毫末，晝出瞋目而不見丘山，言殊性也。

世間事物千差萬別，莊子雖然站在「道」的立場上，相信種種事物都有其存在的理由，在根本上是平等的，但他並不抹煞眼前的實際情形，他承認事物之間的差別之表相。

事物的差別，眼可見，手可觸，重要的是在我們的心中，要有平等的心意。平等的意思是說，將它們都視作天地一體的部分，不必強加軒輊，站在某一個別而片面的立場去取此去彼。

〈秋水〉中有一句話說：「東西之相反而不可以相無。」東與西自然是相對的、有區別的，太陽從東邊升起而後落向西方，不會相反。但雖然南轅北轍，兩者又是相互依存的，沒有東也就沒有西。

既然應該平等視之，依循物性各盡其能，才是合理的。「梁麗」之類，各有其長，也各有其短，關鍵在於你如何利用。〈逍遙遊〉中，惠子說自己種的葫蘆太大了，所以沒辦法盛水。莊子的批評是：你實在不會用大的玩意兒（拙於用大矣）！莊子建議將大葫蘆縛在身上，借其浮力，飄遊江湖之上。固執己意，大葫蘆是無用的；順隨物性本身，則不妨有大用。

世間萬物，個性不同，平等對待，依循其性，各盡其能。此乃莊子面對紛紜事物的基本立場。

《莊子》原文

梁麗可以衝城而不可以窒穴，言殊器也；騏驥驊騮一日而馳千里，捕鼠不如狸狌，言殊技也；鴟鵂夜撮蚤，察毫末，晝出瞋目而不見丘山，言殊性也。——〈秋水〉

今譯

房屋的頂梁柱可以用來衝擊城門，而不能用來堵塞小洞，這說的是事物功用的不同；騏驥和驊騮日行千里，要論捉老鼠，卻連貓和黃鼠狼都比不上，這說的是事物技能的不同；貓頭鷹在夜裡能夠捉到跳蚤，能夠看清毫毛的末端，到了白天卻睜大眼睛也看不見大山，這說的是事物本性的不同。

注釋

梁麗：房屋的棟梁。麗，通「欐」。

窒穴：堵洞。

騏驥、**驊騮**：都是傳說中的千里馬。

狸狌：狸，貓。狌，黃鼠狼。

鴟鵂：貓頭鷹。鴟，讀作ㄔ。

瞋目：睜大眼睛。

面對亂象，要能識時務者為俊傑

> 知道者必達於理，達於理者必明於權，明於權者不以物害己。

現在我們往往將「道」和「理」兩個字連在一起，稱「道理」。其實在古時候，兩者之間還是有些差別的：「道」大致更高一層，「理」則稍落實些。比如可以講「天道」來對應「物理」，卻很難將「天理」與「物道」並列來講。明白這點差別，第一句話就好理解了：了解大的道理，那麼具體的事理就一定可以明白。它說的也就是高屋建瓴，則一覽無遺的意思。

接著一句講：明白事理的人，定能依循種種條件而採取種種變通的辦法。特別需要指出的是，「權變」，不是沒有原則的當牆頭草，而是要**在通達「道」與「理」的前提下，審時度勢，有所變通**，這是一個結合了原則與靈活的高境界。孔子也曾表露過這樣的意思，他說：「可以一同向學，卻未必可以共同求道；可以共同求道，卻未必可以一起依禮而行；可以一起依禮而行，卻未必可以一道應機權變。」（《論語．子罕》：「可與共學，未可與適道；可與適道，未可與立；可與立，未可與權。」）由此可見，「權」是一個非常高的境界，是難以把握、因此在順序上也較遲才能把握的一種實踐。

最後一句，**明白如何權變，自然不會被外在的種種所傷害**，你會知道在堅持自我的同時如何趨避危險，你不會面對著不可抗拒的壓力徒然犧牲了自己。如果要孔子舉例，大概會是本來聰明得很，而面對國家的亂象便顯得愚蠢的甯武子吧？（《論語．公冶長》：「邦無道則愚。」）

《莊子》原文

知道者必達於理，達於理者必明於權，明於權者不以物害己。——〈秋水〉

今譯

領悟大道的人必定通達事理，通達事理的人必定明曉權變，明曉權變的人，就不會讓外物傷害到自己。

注釋

權：權變，順應時勢而變化。

保持淡定，即是一種智慧

無以人滅天，無以故滅命，無以得殉名。

「無以人滅天，無以故滅命，無以得殉名」三句，向人們提出了行為的準則。三句中，「無以人滅天」應該說最為關鍵，是總說。《荀子．解蔽》篇批評諸子，很犀利，對莊子是說：「蔽於『天』而不知『人』。」荀子的批評正確與否，姑且不論，但他窺知《莊子》之學關鍵在強調「天」，確實極具識力。「人」、「天」對立，而以依循「天」為宗旨，是《莊子》的核心觀念，僅就類似的文句表述而言，內篇的〈大宗師〉便有「不以心捐道，不以人助天，是之謂真人」語。「捐，棄也」（成玄英《莊子疏》），「不以心捐道」即不以人的心智活動而拋棄天道；「助」謂「添助」（成玄英《莊子疏》），「不以人助天」是說不以人的作為而增益自然天道。顯然這就是「無以人滅天」的意思——如果不是狹義地理解「滅」，而是廣義地理解為「毀傷」的話。

「無以故滅命」，與上句結構類似，則「命」與「故」之間構成了類似於「天」與「人」那樣的對立關係。「命」即本來的性命，「故」謂巧詐，去「故」而從「命」，也就是拋棄巧詐機心，而依從天命、天道。「無以故滅命」，更多是針對在人世間保守人的本性、使之不受扭曲來說的。

「無以得殉名」之「得」，當釋為「德」；「名」一般即理解為名聲之類，它代表的是種種世俗的東西。「無以得殉名」，意為**不要爲了世俗的種種而喪失自己的「德」**。這側重於面對社會利益和價值，保全本來自我的方面。

三句話，總結起來，就是要做一個合乎天道的自然的人。

《莊子》原文

無以人滅天，無以故滅命，無以得殉名。——〈秋水〉

今譯

不要用人為去毀滅自然，不要用造作去毀滅本性，不要為了名聲而犧牲德性。

注釋

故：人有意識的作為。
命：性命、本性。
得：通「德」。

曳尾塗中更勝萬千尊崇

吾將曳尾於塗中。

這個故事或許是莊子生平事蹟中最有名的一個了，司馬遷著《史記》為他列傳，就記敘了類似的情節。

莊子究竟為什麼要拒絕出仕呢？

莊子將受到萬千尊崇的死龜和曳尾塗中的生龜對舉，讓楚國的兩位大夫做選擇題，透露出他的根本考慮是以生命為本位。曳尾塗中，看似卑下，但這其實是龜的自然生活常態；廟堂中的「神龜」雖然受到尊崇，但那絕不是龜命定的結果，而是人類意志的賦予，並且以喪失生命為前提。**不能保持生命的本然，不能保全自己的生命，**

這兩點都違反了莊子的基本信念，可謂莊子拒絕出仕的理據。

還有一層，是現實的經驗。莊子視自己生活的時代為亂世，痛切地以為「方今之世，僅免刑焉」（《莊子．人間世》）。他看過在仕途沉浮中為勢位而喪命的事例太多了，〈列禦寇〉篇中記載了一個故事，不妨做為旁證。有人從宋國國君那裡得到了十輛車子的賞賜，莊子給他講故事：「兒子從深淵中得到千金寶珠，父親勸兒子趕快將珠子錘碎，因為這一定是看守寶珠的黑龍打盹了，一旦龍醒來，那就要倒大楣了！現在宋王也是在打盹，如果醒來的話，你將粉身碎骨啦！」

漢末的諸葛亮曾有兩句話：「苟全性命於亂世，不求聞達於諸侯」（《出師表》），很可以用來詮釋莊子的心理。

《莊子》原文

莊子釣於濮水。楚王使大夫二人往先焉，曰：「願以境內累矣！」莊子持竿不顧，曰：「吾聞楚有神龜，死已三千歲矣。王巾笥而藏之廟堂之上。此龜者，寧其死為

留骨而貴乎？寧其生而曳尾於塗中乎？」二大夫曰：「寧生而曳尾塗中。」莊子曰：「往矣！吾將曳尾於塗中。」——〈秋水〉

今譯

莊子在濮水上垂釣。楚王命兩名大夫去傳達自己的旨意：「請讓我把楚國的政事託付給您！」莊子拿著魚竿，看也不看他們，說：「我聽說楚國有一隻神龜，已經死掉三千年了。楚王把牠用布巾包著，用竹盒盛著，珍藏在廟堂之上。這隻烏龜，到底是希望自己死掉，只留下一副骨甲來被人珍藏呢，還是寧願活著，拖著尾巴在泥水裡爬來爬去呢？」兩名大夫說：「當然是寧願活著，拖著尾巴在泥水裡爬來爬去。」莊子說：「你們回去吧！我也是想要拖著尾巴在泥水裡爬來爬去啊。」

注釋

濮水：河名，在今山東境內。

先：傳達意見。一說當為「見」。

累：託付，使受累。

巾笥：布巾和竹盒。

塗中：泥中。

不能只守著眼前利益，要想像遠方有怎樣的風景

今子欲以子之梁國而嚇我邪？

蘇軾被貶黃州，作有一闋《卜運算元》，結句曰：「揀盡寒枝不肯棲，寂寞沙洲冷。」他正處在人生的低谷，但仍然不肯，乃至不屑於混同乎流俗。遠翔中的鵷（鳳凰之類的神鳥）更不必說了。

世上的權勢地位之類，是常人所樂於獲取的，這當然可以理解；擁有了，費心費力要保住它，這也可以理解。然而，我們要知道這終究不是最後的境界。像鴟（貓頭鷹）如此形象猥瑣，倒在其次，更應該問的是：人生究竟是為什麼呢？是為外在的種種而患得患失嗎？或許，**在你一意抱持著這些的時候，你便失去了高飛遠遊的可能和樂趣。**

人的一生，有時候不能只是守著眼前的利益，要知道放棄，仰頭看天上飛過的鵷，目送歸鴻，望著牠消逝在遠方的天際，想像那裡有怎樣的風景。

《莊子》原文

惠子相梁，莊子往見之。或謂惠子曰：「莊子來，欲代子相。」於是惠子恐，搜於國中三日三夜。莊子往見之，曰：「南方有鳥，其名為鵷，子知之乎？夫鵷發於南海而飛於北海，非梧桐不止，非練實不食，非醴泉不飲。於是鴟得腐鼠，鵷過之，仰而視之曰：『嚇！』今子欲以子之梁國而嚇我邪？」——〈秋水〉

今譯

惠子在魏國當宰相，莊子去見他。有人向惠子進讒言說：「莊子來這裡，是想要取代你當國相。」於是惠子心生恐慌，在國都中大舉搜索了三天三夜。莊子去見他說：「南方有一種鳥，名字叫作鵷，你知道嗎？鵷這種鳥，從南海出發，向北海飛去，一路上如果不是梧桐樹，牠不肯停下來休息；如果不是竹子的果實，牠不肯吃；如果不是甘甜的泉水，牠不肯喝。有一隻貓頭鷹找到一隻已經腐爛的死老鼠，看見鵷正好飛過頭上的天空，就抬起頭來盯著鵷叫道：『嚇！』現在你也想要用你的魏國來嚇我嗎？」

注釋

梁：魏國。

或：有人。

鵷：鳳凰之類的神鳥。

練實：竹實，竹子的果實。

醴泉：甘泉。

多一點情感，少一點分析

子非我，安知我不知魚之樂？

莊子和惠施在濠上論辯的場景，多少年來縈繞人們心間。

惠施，是莊子最重要的辯友，他堅持清晰的理性分析，在現實的層面上，認定莊子不可能知道魚是否快樂。是啊，雖然據說有所謂通鳥語的人，比如孔子的女婿公冶長，但現實中似乎沒見過。然而莊子仍肯定魚是快樂的。如果嚴格分析莊子應對惠施的話語，在邏輯上確實是有問題。

惠施的問題是：你不是魚，怎麼會／怎麼能（安）知道魚的快樂呢？莊子則悄悄將「安」字的意義轉換成「哪裡」，即「從什麼地方」了，所以他回答說：「我知之濠上也。」莊子的論辯不能說邏輯周洽，更多顯示的是機智。

然而，莊子便不對嗎？

世間不僅是現實，世間不僅有邏輯。莊子展示的是一個通達天地自然，與萬物溝通無礙的心靈。魚游水中，我游梁上，同樣的自在率意，魚我雙方是融通的。魚樂，實是我樂的映射；我樂，故而魚亦當樂。杜甫有兩句詩：「感時花濺淚，恨別鳥驚心。」（《春望》）或許可以移來為證，只是一哀一樂而已。

莊子堅持自己的觀感，反對的正是惠子的細瑣分辨。這個世界有時候是不能拆開來加以了解的，「七寶樓臺，眩人眼目，碎拆下來，不成片段」（張炎《詞源》）；**人的情感往往也是不能也不必分析的，分析的時候感情就已不在**，比如情人之間開始分析計較，離分手就不遠了。

《莊子》原文

莊子與惠子游於濠梁之上。莊子曰：「鯈魚出游從容，是魚之樂也。」惠子曰：「子非魚，安知魚之樂？」莊子曰：「子非我，安知我不知魚之樂？」惠子曰：「我非

子，固不知子矣；子固非魚也，子之不知魚之樂，全矣！」莊子曰：「請循其本。子曰『汝安知魚樂』云者，既已知吾知之而問我。我知之濠上也。」——〈秋水〉

今譯

莊子和惠子在濠水的橋上遊玩。莊子說：「白魚悠哉遊哉地游出來，這是魚的快樂啊！」惠子說：「你又不是魚，怎麼知道魚的快樂？」莊子說：「你又不是我，怎麼知道我不知道魚的快樂？」惠子說：「我不是你，所以不知道你；同樣的道理，你也不是魚，所以你不會知道魚的快樂。這不就夠了嗎！」莊子說：「讓我們回到話題開始的地方吧。你問我『從哪裡知道魚的快樂』，明明是已經知道了我知道魚的快樂，才來問我『從哪裡知道』的。我就是在這濠水上知道的啊。」

注釋

濠梁：濠水上的橋。

儵魚：白魚。

塵歸塵，土歸土。最豁達的生死哲學

莊子妻死，惠子吊之，莊子則方箕踞鼓盆而歌。

俗話說：人活一口氣。

這話說得很直率，透露的消息卻很重要：生命與「氣」，在古代中國確是一大命題。《莊子．知北遊》明言：「人之生，氣之聚也。聚則為生，散則為死。」如此以氣的聚散解釋生命的來去，倒有些像佛教中因緣聚合而產生萬物的觀點。莊子應對妻子的過世，鼓盆而歌，根據這點來看，正是以氣的聚散來解釋生死。

莊子回想妻子做為一個人的來歷和歸途，指出原來並不存在，沒有形體。而後在渾沌恍惚之中漸漸氣聚，有了形體，有了生命，現在又回到原初的狀態去了。這麼一個來去的路徑，如同春夏秋冬的交替，構成一個迴圈。這就是人類的「命」。莊子在

另外一處也曾談到生死轉移是人們的根本宿命：「死生，命也；其有夜旦之常，天也。」（《莊子．大宗師》）

想通此點之後，莊子從最初的傷感中解脫出來，不復悲哭。

這個結論，也很符合莊子的基本觀念。莊子視**世界萬物爲一個整體中的部分**，生、死，雖然在平常人的眼光中是截然不同的兩種狀態，但在整全的視野中看，它們卻也是相連相續的。〈大宗師〉篇講述了子祀、子輿、子犁、子來四個朋友的故事，他們之所以成為朋友，最根本的一點，就是他們關於生死的觀念一致：如果誰能將空無做為一個形體的頭部，將生命存在的階段做為中間的脊梁，而以死亡做為這個形體的尾部，如果誰能了解生死存亡其實屬於一個連續體，那我們就可以做朋友了。（孰能以無爲首，以生爲脊，以死爲尻，孰知死生存亡之一體者，吾與之友矣。）

相信生死不過是氣的聚散，進而將生死理解為一個連續體前後相續的部分，莊子最後化解了悲傷的情緒。這一過程，不僅是莊子本人生命史上有意思的轉變，而且在中國整個文化史上都具有特別的意義：莊子宣示了，雖然我們不能完全擺脫、也不必徹底擺脫生死情傷，但我們可以理解它，可以「以理化情」，超越這一傷懷。

《莊子》原文

莊子妻死，惠子弔之，莊子則方箕踞鼓盆而歌。惠子曰：「與人居，長子、老、身死，不哭亦足矣，又鼓盆而歌，不亦甚乎！」莊子曰：「不然。是其始死也，我獨何能無概！然察其始而本無生；非徒無生也，而本無形；非徒無形也，而本無氣。雜乎芒芴之間，變而有氣，氣變而有形，形變而有生。今又變而之死。是相與為春秋冬夏四時行也。人且偃然寢於巨室，而我噭噭然隨而哭之，自以為不通乎命，故止也。」——〈至樂〉

今譯

莊子的妻子去世了，惠子前去弔唁，看見莊子正兩腳叉開蹲坐著，敲著瓦盆唱歌。惠子說：「你和她一同生活，生養孩子，她現在年老去世，你不哭也就罷了，還要敲著盆子唱歌，不是太過分了嗎？」莊子說：「不是這樣的。她剛去世的時候，我又豈能不感到悲傷呢？然而仔細想想，她一開始本來是沒有生命的；非但沒有生命，連形體也不存在；非但形體不存在，連氣息也沒有。在一片渾沌恍惚之中，發生變化而產生了氣，氣變化而產生了形體，形體變化而產生了生命。到現在她又變化而死去。這樣的過程就好像春夏秋冬四季迴圈運轉一樣，不過是自然的變化罷了。她已經安然休息在浩瀚的天地大屋之中了，我卻還嗚嗚地跟在後面痛哭。我自以為這是因為我對人生還不夠通達，因此才不再悲傷哭泣的啊。」

注釋

弔：弔喪。

箕踞：兩腳叉開，像畚箕的樣子蹲坐。是一種很不莊重的坐姿。

長子：生育撫養孩子。

無概：不感傷。

芒芴：即「恍惚」。芴，讀作ㄏㄨ。

偃然：安然。

巨室：天地。

找出自己的價值，養出真正的生命活力

養形必先之以物，物有餘而形不養者有之矣。有生必先無離形，形不離而生亡者有之矣。

生命，首先是一個物質的存在。維持生命的基本條件，當然是所謂食物、住宅等物品，此即「養形必先之以物」。但是日日山珍海味、輕裘肥馬、朱門豪宅，未必就能保證生命的良好狀態，過猶不及，肥胖臃腫、身有暗疾，是現代人常見的情況，此乃「物有餘而形不養者有之」。

莊子心目中，生命當然是重要的，但生命並不等同於形體的物質存在。《莊子・刻意》篇曾批評過幾種人，其中有一類就是操練呼吸、吐故納新，學習熊、鳥之類動物做出種種伸展收縮動作的人。他們調練自己的氣息和形體，是想和彭祖一樣活得久長些。（吹呴呼吸，吐故納新，熊經鳥申，爲壽而已矣。此道引之士、養形之人、彭祖壽考者之所好也。）

莊子對於生命的觀念，是依順自然，盡其天年。**中途夭折固然不好，妄圖無限延續生命的長度，也是不恰當的**。在這個意義上，如果僅僅是保有了身體的存在，並不能說你的生命依然在延續，比如，對精神喪亡、行屍走肉的情況就是如此。這是「形不離而生亡者有之」的一層意思。稍加引申，或許可以說**「養生」，要養的是眞正的生命活力**，此「生」要具有內在的價值。如果活力和價值已失，那麼雖然「形」還在，但「生」已亡了：「有的人活著，卻已死了。」（臧克家《有的人》）

《莊子》原文

養形必先之以物，物有餘而形不養者有之矣。有生必先無離形，形不離而生亡者有之矣。——〈達生〉

今譯

要保養形體，一定要先有物資的供給，然而有些人雖然物資供給有餘，形體卻沒有得到保養。要保全生命，一定要先保證不脫離形體，然而有些人雖然沒有脫離形體，生命卻已經消亡了。

注釋

養形：保養形體。

Stay Foolish，勇往直前吧

醉者之墜車，雖疾不死。

這是一個很有意思的故事，它基於現實經驗，醉酒者在身體上受傷的概率，確實比清醒的人要小很多。神智清楚的人，處在危險之中的時候，往往害怕，俗話說是自己嚇死自己；而醉酒的人，精神處於渾沌的狀態，「死生驚懼不入乎其胸中」，不以危難為意，履險境如平地。

這裡突顯的是心的作用，心以為險則險，心以為安則安。

「無知者無畏」，人們通常作負面的理解。其實因為對困難或危險，沒有知覺、沒有了解，所以確實會敢為人所不敢為，這裡面失敗的機會自然不少，然而也存在成功的可能。至於不敢為的，當然永遠不會有成功的時候。

《莊子》原文

醉者之墜車，雖疾不死。骨節與人同而犯害與人異，其神全也。乘亦不知也，墜亦不知也，死生驚懼不入乎其胸中，是故遻物而不慴。——〈達生〉

今譯

喝醉酒的人掉下車，就算重傷也不會死。他的骨節機理和別人相同，受到的傷害卻和別人不一樣，是因為他的心神凝聚完備。他既不知道自己坐上了車，也不知道自己掉下了車，對死生的驚懼都無法侵入他的心中，所以即使觸犯了外物，也無所畏懼。

注釋

犯害：侵犯傷害。

遻：同「忤」，抵觸。

慴：懼怕。讀作ㄓㄜˊ。

要有所成就，「專心」即是關鍵

雖天地之大，萬物之多，而唯蜩翼之知。

孟子是莊子的同時代人，然而，他與莊子之間似乎完全不相聞問，都沒有提及過對方。不過，他們之間還是有共同語言的，比如他們都主張要「專心」。

孟子主要針對學習，《孟子．告子上》記敘：「著名棋手秋教人下棋，一位很專心，只顧著聽弈秋講棋，另外一位雖然聽，卻未曾入心，一心想的是將有鴻鵠飛來，準備引弓而射。」（使弈秋誨二人弈，其一人專心致志，惟弈秋之爲聽；一人雖聽之，一心以爲有鴻鵠將至，思援弓繳而射之。）兩人的水準之高低，自然可以想見。

莊子這裡給出的是捉蟬的故事。這位駝背的老人在竿頭疊置三五個丸子，簡直就是在玩雜技，況且還要去黏蟬！（見佝僂者承蜩，猶掇之也。）這一絕技如何成為可能呢？

老人的經驗，不管外邊的世界有多精采，我只顧集中精神在蟬上，不會因為任何東西而改變對蟬的關注。

簡單地說，世上要想有所成就，**不分散注意力**（用志不分），**精神凝定專注**（乃凝於神），**是關鍵的一個環節。**

《莊子》原文

仲尼適楚，出於林中，見痀僂者承蜩，猶掇之也。仲尼曰：「子巧乎，有道邪？」曰：「我有道也。五六月累丸二而不墜，則失者錙銖；累三而不墜，則失者十一；累五而不墜，猶掇之也。吾處身也，若蹶株拘；吾執臂也，若槁木之枝。雖天地之大，萬物之多，而唯蜩翼之知。吾不反不側，不以萬物易蜩之翼，何為而不得！」孔子顧謂弟子曰：「用志不分，乃凝於神。其痀僂丈人之謂乎！」——〈達生〉

今譯

孔子到楚國去，經過一片樹林，看見一位駝背老人正在用長竿黏蟬，輕鬆得好像從地上撿東西一樣。孔子問道：「你的手法太巧妙了！是不是有什麼奧祕呢？」老人說：「我有祕訣。先訓練上五六個月的時間，如果在長竿頂端疊上兩個丸子而能不掉下來，就不大會失手了；如果疊上三個丸子而能不掉下來，十次裡面就只有一次會失手了；如果疊上五個丸子還能不掉下來，那麼黏蟬就好像從地上撿的一樣容易了。我伏身不動，好像一個樹樁子；我伸出手臂拿穩長竿，好像一根枯樹枝。雖然天地之大，萬物之多，我這時候除了蟬翼以外什麼都不知道。我聚精會神，紋絲不動，萬物都無法替代我對蟬翼的專注，怎麼可能會得不到呢？」孔子回頭對弟子們說：「聚精會神，心無旁騖。說的就是這位駝背老人吧！」

注釋

佝僂：駝背。

承蜩：用長竿的頂端去黏蟬。

掇：拾取。

五六月：指訓練學習的時間長短。

錙銖：比喻數量極微少。

蹶株拘：樹樁。

偶爾停下匆忙的腳步，傾聽心底的聲音

凡外重者內拙。

在地上畫條線走，與空中走鋼索，所要求的身體平衡能力，其實差別不大。一個天上一個地下的，是你的心情：在地上走不了直線不過一聲嘆息，走鋼索偏出就得摔個半死，自然心理感覺不同。然而，正是這種心理感覺的不同，最容易讓人出錯。有經驗的鋼索人會凝心自照，盡量拋開外在環境的影響。莊子講的賭博，道理是一樣的，隨著賭注的增加，心理的壓力、緊張感越來越重，原先的瀟灑變成了害怕乃至昏聵。

人們的智巧能力是一樣的，但如果特別在意實際的結果，反而不能充分發揮出來。這不是普遍的情形嗎？促膝談心時娓娓動人，面對大庭廣眾則囁囁不能出聲的人，我們往往可以遇到，其實就因為他真的在意自己的言談表現。

「外重者內拙」，專心外在事物的人，內心會逐漸沉沒、枯寂下去。普希金《葉夫蓋尼・奧涅金》裡曾引過一位俄國詩人的詩句：「活得匆忙，來不及感受。」或許，該**時而停下匆忙的腳步，回返內心，傾聽心底的聲音，重獲心的靈明。**

《莊子》原文

以瓦注者巧，以鉤注者憚，以黃金注者殙。其巧一也，而有所矜，則重外也。凡外重者內拙。——〈達生〉

今譯

賭博的時候，如果用瓦片下注，就能心思巧妙；如果用帶鉤下注，就會有所忌憚；如果用黃金下注，就會心中昏亂。他的技巧手法並沒有不同，然而心中一旦有所顧惜，身外之物的分量就會變重。但凡過分重視外物的，內心就會變得笨拙。

注釋

注：賭博下注。

憚：有所忌憚。

殙：昏亂。

矜：顧忌愛惜。

「裝傻」也是一種智慧

處乎材與不材之間。

「材與不材之間」，一般感覺上，有混世的味道。

然而，這是莊子親身經驗的結論。《莊子．山木》的故事是這樣的：一次，莊子和弟子一起行走山間，見到一株枝繁葉茂的大樹。邊上有位伐木人，卻不下手砍伐，問他，回答說：「沒什麼用啊。」出了山，住到老朋友家。老朋友很高興，讓小童殺鵝，招待莊子一行，童子問：「一隻會叫，一隻不會叫，殺哪隻？」老朋友答：「殺不能叫的。」

有時因為無用得到了長生，有時卻由於無能而被殺戮。這樣的兩難處境，使得莊子只能給出如此結論。

危殆的時世，如何聰明生存是一個難題。或許，**聰明的表現還得是愚蠢，更準確地說是裝傻**。孔子曾稱道衛國的甯武子：國家昌明有道的時候，他很智慧；國家昏昧無道的時候，他便很蠢。他的智慧可以學得，他的愚蠢卻學不來啊。（《論語．公冶長》：「邦有道則知，邦無道則愚。其知可及也，其愚不可及也。」）

甯武子倒真是一個善於「處乎材與不材之間」的人物。

《莊子》原文

處乎材與不材之間。——〈山木〉

今譯

處在有用與無用之間。

注釋

材：有用之材。

一堂值得修的「孤獨課」

君其涉於江而浮於海，望之而不見其崖，愈往而不知其所窮。

《莊子》中有不少富於情感的段落，似乎可以做為後世文學表現的原型看待。這裡「涉江浮海」的一段，原來是指擺脫負累，超然俗世，但如果一般性地理解為分別場景，亦無不可。

短短數語，照應了行者和送者兩方。對遠行者而言，前途漫漫，不見端崖，越行越不知何處是止息之所；對送別者而言，遙望行者漸遠，終有一別，於是紛紛從岸邊回去了。最後「君自此遠矣」，以行者飄然遠去的情感籠罩雙方。

李白的《送孟浩然之廣陵》是唐詩中的送別名篇：「故人西辭黃鶴樓，煙花三月下揚州。孤帆遠影碧空盡，惟見長江天際流。」當然李白所送的孟浩然，其遠行目的地很明確，不過場景似乎與這裡《莊子》的表現方式有些相似。「孤帆遠影」，豈不是「君自此遠矣」的形象表達嗎？而所謂「碧空盡」和「惟見長江天際流」，正是「望之而不見其崖」。只是，李白一直站在岸邊，遙望朋友的遠帆，直到它融入江天之際，透露出深深的眷戀情意；而《莊子》中的修道者，因道行日深，同道當然越來越少，日漸孑然，送者紛紛散去即喻指此也。

《莊子》原文

君其涉於江而浮於海，望之而不見其崖，愈往而不知其所窮。送君者皆自崖而反。君自此遠矣！——〈山木〉

今譯

您要渡過大江，漂浮在海上，極目遠望也看不見涯岸，越走越不知道哪裡才是盡頭。送您的人都從岸邊回去了，您從此才真的是遠離了！

注釋

涉：渡過。

崖：涯岸。

因利益而聚，往往也會因利益而散

以利合者，迫窮禍患害相棄也；以天屬者，迫窮禍患害相收也。

莊子講道理，往往不直說，而是給你一個故事。學不了他想落天外的虛擬本領，且給真實的事例。

什麼是「以利合」呢？

先秦名將趙國的廉頗曾有不少門客，他曾被罷官，於是門客紛紛棄他而去；待官復原職，那些人重又蜂擁來聚。廉頗很生這幫趨炎附勢小人的氣，門客回應說：「普天之下都是按市場法則交結往來的，您有權勢，我等便跟隨您，您沒有權勢，就離開，本來就是這麼一個道理嘛，你有啥可抱怨的？」（《史記．廉頗藺相如列傳》：「天下以市道交，君有勢，我則從君，君無勢則去，此固其理也，有何怨乎？」）

這個故事不僅告訴我們何為「以利合」，而且告訴我們：因利益而聚，往往也因利益而散。

至於「以天屬」，則是指出「天性自然」的關係。**當種種艱難困苦來臨的時候，因這一關係而交結的人們往往互相擁抱，互相支持。**我們都聽說過家庭是溫暖安全港灣的比喻。

不過，也有例外。

戰國時，佩六國相印、富貴至極的蘇秦，早年不得志，他外出遊說，頹唐而歸，面對灰頭土臉的蘇秦，太太自顧自織布，嫂子不給他燒飯，父母也不理睬他。（《戰國策．秦策》：「形容枯槁，面目黧黑，狀有愧色，歸至家，妻不下紝，嫂不爲炊，父母不與言。」）蘇秦於是發憤讀書，睏了，便以錐子刺自己的大腿，堅持讀下去。（讀書欲睡，引錐自刺其股，血流至足。）待他功成名就，返回故里，父母遠出三十里來迎接，太太的態度變得恭恭敬敬，嫂子更是匍匐在地拜他。蘇秦問嫂子：「你為什麼前倨後恭啊？」嫂子答：「你現在有錢有勢。」引得蘇秦感慨不已：「啊，沒錢沒勢，父母都不把你當兒子，富貴了親戚都敬畏你，人生在世，有錢有勢多要緊啊！」（父母聞之，清宮除道，張樂設飲，郊迎三十里。

妻側目而視，側耳而聽。嫂蛇行匍伏，四拜自跪而謝。蘇秦曰：「嫂何前倨而後卑也？」嫂曰：「以季子之位尊而多金。」蘇秦曰：「嗟乎！貧窮則父母不子，富貴則親戚畏懼。人生世上，勢位富厚，盍可忽乎哉？」）

衡量亂世的標準，有一條就是「天屬」是否浸透了「市道」。

《莊子》原文

以利合者，迫窮禍患害相棄也；以天屬者，迫窮禍患害相收也。——〈山木〉

今譯

由於利益而結合在一起的，遭受窮困禍患的時候就會相互拋棄；由於天性而結合在一起的，卻會因為遭受窮困禍患而相互收留。

注釋

迫：迫於。

以天屬：因天性而互相連屬。

嘗過甜美，更能懂得平淡的真意

> 君子之交淡若水，小人之交甘若醴。

君子、小人，在中國古代一直是對比的兩類人。

君子惺惺相惜，相互之間一望而知，所謂「相視而笑，莫逆於心」（《莊子．大宗師》）。只是他們之間的關係，建立在共同的信念以及由此而來的相互欣賞基礎上，因為有本質的契合，無需過多的外在表現。或許，許多時日並無往來，但他們的內心還是認同對方，細水長流，重逢時依舊未見隔閡。

與君子之間的靜水流深相形相對的，是小人之間看似濃烈的熱絡，像濃濃的甜酒。生活中缺乏真正的甘美，於是企望甜膩的口味；**真正嘗過甜美的人，反能懂得平**

淡的眞意。

君子、小人之間的對比，真正的君子都能分辨。《論語．為政》有「君子周而不比，小人比而不周」之說，是說君子的態度比較周遍、周正，小人則朋比為黨。朋比為黨，就是膩歪地攪和在一起。而他們之間因為沒有真正的心靈契合，沒有道義的共識和實踐，因而最後的結果往往就是鬧分裂。

莊子在上引兩句的後面，接著有一句：「無故以合者，則無故以離。」這「故」，用得很吃緊，小人之間無緣無故地合，無緣無故地分，這正是與君子間交誼的大不同處。

《莊子》原文

君子之交淡若水，小人之交甘若醴。——〈山木〉

今譯

君子之間的交往像水一樣淡，小人之間的交往像酒一樣甜。

注釋

醴：甜酒。

沉溺黑暗太久，會失去感受光明的能力

觀於濁水而迷於清淵。

常常在黑暗中行走，驟然進入光亮之中，會禁不住瞇上眼睛。不是光明不好，而是沉溺黑暗太久，失去了正常的感受。總是觀照於污濁的水，對源頭清泉也喪忘殆盡。這暗喻著人的本性的喪失，在污濁的世界上，見怪不怪，習非成是。這時，回頭來讀下面的詩句，你會了解它其實多麼有力：

黑夜給了我黑色的眼睛，
我卻用它尋找光明。

《莊子》原文

觀於濁水而迷於清淵。——〈山木〉

今譯

我總是在渾濁的水中觀照，卻迷失忘卻了清澈的淵泉。

人性本「淡」，如何安頓，便是課題

> 中國之君子，明乎禮義而陋於知人心。

這是莊子批評孔子的話。「禮義」是儒家所提倡的，不過，在莊子看來，這並不是人性的必然組成部分，而只是構成社會的過程中建立起來的外在規定。儒家的錯誤即在於，將外在的禮義認作根本，輕略了人心、人性的根本。

那麼莊子對人內在心性的了解如何呢？在傳統的理解中，人性是相對穩定的部分，心則是代表了「動」的那一面。**莊子的人性觀念，突出的是本來自然的一面，認為它基本上是淡漠的**；而對靈動的人心，莊子則有非常深入細緻的觀察，足以表明他有資格說儒者「陋於知人心」。

有趣的是，莊子曾借孔子之口，提出人心難以了解。它比山川還要曲折險峻，了解它比了解上天還難。天意難知，但還有春夏秋冬四時的交替和日夜的更迭，而人的內心則隱藏得很深，有的看似忠厚而內裡驕溢，有的看來躁急而其實通達，有的表現堅強卻內心綿軟，等等。（《莊子．列禦寇》：「凡人心險於山川，難於知天。天猶有春秋冬夏旦暮之期，人者厚貌深情。故有貌願而益，有長若不肖，有順懁而達，有堅而縵，有緩而釬。」）而一旦人心動盪起來，更是不得了：忽上忽下，忽冷忽熱，忽柔忽剛，平靜如深淵，動盪如天懸，最亢奮難制的，就是人心了！（《莊子．在宥》：「人心排下而進上，上下囚殺，淖約柔乎剛強，廉劌雕琢，其熱焦火，其寒凝冰，其疾俯仰之間而再撫四海之外。其居也，淵而靜；其動也，縣而天。僨驕而不可系者，其唯人心乎！」）

於是**安頓內心，便是一個非常重要的問題**，莊子可能是最早充分意識到它的哲人。

《莊子》原文

中國之君子，明乎禮義而陋於知人心。——〈田子方〉

今譯

中原之國的君子大人，雖然精通禮義，卻不能夠了解人的心性。

注釋

中國：中原之國。

陋：笨拙無能。

「虛空平靜」背後不是一無所有，而是充滿奇蹟的天地

哀莫大於心死，而人死亦次之。

這是至今人們樂道的言語。

身體的死亡，固然很是令人悲哀，但一來這是不可抗拒的自然，莊子主張安時處順，平靜接受；況且莊子雖然重視人的生命，但在他心中，形體的保養是次要的。而「心」，則代表著人的精神，當心死的時候，即使形體尚存，那也只是行屍走肉。

心死，意味著人喪失了對自我的肯定，喪失了自我的自覺意識，喪失了生意生趣，意味著人放棄了自己在世上的生活，意味著一切都不可為也不能為了。

值得提出的是，這裡的「心死」與莊子喜歡說的「心如死灰」（《莊子．齊物論》等）

狀態，並不是一回事。「心如死灰」是一種極而言之的形容，指排除了一切紛雜的欲念和多餘的知識，臻於虛空平靜之極致的狀態。這時，你的內心並沒有死寂，而是準備著迎受大道的光臨。《莊子．大宗師》篇中孔子與顏回談論「坐忘」，「坐忘」就是拋開形體，泯滅聰明，而後與大道相合。（墮肢體，黜聰明，離形去知，同於大通。）

「心如死灰」的後面，不是一無所有，而是有一個更大的與天地宇宙會通的期待和奇蹟：

我們準備著深深地領受
那些意想不到的奇蹟
（馮至《十四行詩》其一）

《莊子》原文

哀莫大於心死，而人死亦次之。——〈田子方〉

今譯

最悲哀的莫過於心死，連人死都不如心死悲哀。

諦聽自然的聲音，體會宇宙的消息

天地有大美而不言，四時有明法而不議，萬物有成理而不說。

莊子對於喋喋不休的言說，始終有懷疑。他真正歡喜的，是直面宇宙天地，與萬物並生共育，而不是將它們做為物件加以描寫、分析。「不言」、「不議」、「不說」，即此之謂。

古代的哲人們，面對世界萬物，多能體會到它的莊嚴，體會到它的美、它的自然秩序，而不像後世，人類的精神發展到自我中心，毫無敬畏，僅存功利的利用之意，以致將「不言」、「不議」、「不說」，逕自當作「不能言」、「不能議」、「不能說」，甚至乾脆認為外在世界是沒有生機的，可以任我宰制。孔子曾經慨嘆：「天何言哉！四時行焉。」（《論語．陽貨》）與上面莊子的前兩句話，契合無間。

我們需要謙卑地諦聽自然的聲音，體會宇宙的消息。

《莊子》原文

天地有大美而不言，四時有明法而不議，萬物有成理而不說。——〈知北遊〉

今譯

天覆地載，有最偉大的美德，卻沉默不語；春秋四時更替，有最明確的法則，卻不會議論；萬物生成，都有其背後的原理，卻不曾言說。

懂得快樂，更要懂得悲傷

悲夫，世人直爲物逆旅耳！

莊子強調人性的自然，主張以人合天，排除種種人的智力和欲望活動。〈齊物論〉開篇的南郭子綦「隱机而坐」，形如槁木，心如死灰，可為合天的代表。於是，惠子曾提出疑問：人難道是無情的嗎（《莊子．德充符》）？甚至有人提出：莊子是不是要讓人都變成石頭？

問題儘管複雜，這裡卻可以首先肯定一點：莊子雖然對情感的過度表達持非議態度，但他是深於情的人，是真正有感情、而且能體會感情的人。謂予不信，請看這段文字。

在自然山林和平川的環境中，愉悅情緒油然而生，然而快樂與哀傷形影相隨。哀樂的來去，不能遏制，人成為它們的寄寓之所。這顯示出，**情感的發生，在莊子看來，也是一個自然的過程**。

這中間，「樂」何以產生，我們是清楚的，但是所「哀」為何，卻未曾明喻。或許可以參照《蘭亭集序》。東晉名士們當「天朗氣清，惠風和暢」之時，於「崇山峻嶺，茂林修竹」間聚會，「信可樂也」。然而「情隨事遷」，「向之所欣，俯仰之間，已為陳跡」，也就是即刻快樂就會轉變，更深一層想，「修短隨化，終期於盡」，一切最後都會過去，消逝無蹤跡，於是感慨：「豈不痛哉！」由愉悅轉悲哀的過程，與《莊子》完全一致。不妨說，〈知北遊〉的這段文字便是《蘭亭集序》的模本。不過，後者更明確地給出了「哀」的來由。「死生亦大矣」，《蘭亭集序》引語即出自〈德充符〉，這也正是莊子反覆且深切考慮的問題。

莊子乃真深於情者，故而他要尋找理解感情的道路，尋找化解由感情而來的痛苦的道路。

《莊子》原文

山林與，皋壤與，使我欣欣然而樂與！樂未畢也，哀又繼之。哀樂之來，吾不能御，其去弗能止。悲夫，世人直為物逆旅耳！——〈知北遊〉

今譯

是山林啊，原野啊，使我這樣欣然悅樂啊！歡樂還沒有過去，悲哀又接著來了。悲哀歡樂的襲來，我無法抗拒，悲哀歡樂的離去，我也無法阻止。可悲啊，世人只不過是物情暫時寄居的旅舍而已！

注釋

皋壤：原野。

逆旅：旅舍。

對不可言說的，我們應該保持沉默

知止乎其所不能知，至矣！

道家對無限地追求知識，持懷疑的態度。一方面，這與獲得生命的智慧不是一回事；另一方面，知識是無限的。我們不妨回想古希臘的一個故事。

古希臘有位哲學家，他的學生問他：「老師，您的知識比我們多許多倍，您回答問題又往往很正確，可您為什麼總懷疑自己的答案呢？」哲學家用手指在桌上畫了一大一小兩個圓圈，回答說：「大圓圈的面積代表我的知識，小圓圈的面積代表你們的知識，兩個圓圈的外面，代表無知的部分。我的知識，自然比你們的多，但大圓圈的周長比小圓圈的長，那我接觸到的無知的範圍自然也比你們的廣。這便是我為何常常懷疑自己的原因啊。」

面對這樣的困境，莊子應對的辦法不是再去擴大自己知識的領域，也就是不再去將圓圈畫得更大，那樣所面對的無知，自然也就越多。他選擇了止步，承認那是永遠不能占據的天地。他以為，**真正的智慧是在能駐足和不能涉足的邊界止步**。

近代哲學家維特根斯坦有一句名言：「對不可言說的，我們應該保持沉默。」莊子對這話，應該也會頷首同意。

《莊子》原文

知止乎其所不能知，至矣！——〈庚桑楚〉

今譯

智識的探求在其所不能探知的界限停步，這就是智識的極致了。

放下身段，什麼都能容得下

以賢臨人，未有得人者也；以賢下人，未有不得人者也。

賢能的人，智力過於一般人，能力也過於一般人。超乎常人之上，但終究人身處社會，於是如何與別人相處，如何在與人相處中完成自己的責任，實現自己的賢能，就需要考慮。

管仲是春秋時代的著名政治家，因為鮑叔牙的力薦，得到齊桓公的重用，輔助齊桓公完成「九合諸侯，一匡天下」的霸業。當他病入膏肓的時候，齊桓公問他：「萬一你真的不行了，我將齊國託付給誰合適呢？」齊桓公屬意的是鮑叔牙，但管仲表示不行：「鮑叔牙是個性情高潔的人，對那些不如自己的人他不去親近，並且一旦聽聞別人的過錯，終身不忘。讓他治國，怕上下都不討好，最終要得罪您的。」齊桓公繼續追問合適的人選，管仲提出了隰朋，因為這位隰朋能上下溝通，在上的人會覺得他幾乎不存在，而下面的人也不會背叛他。他自愧不如黃帝這樣的聖賢，而對不如自己的人也有充分的同情心。接著，管仲就說出：「以賢臨人，未有得人者也；以賢下人，未有不得人者也。」

管仲公忠體國，能放下「生我者父母，知我者鮑叔」的人生知己和恩人，固然令人敬佩；更具理性價值的，則是他留下的關於賢能人士的觀察標準：**身處高位優勢的人，更應該放下身段，謙卑恭謹，容得下人，具有同情心。**

《莊子》原文

以賢臨人，未有得人者也；以賢下人，未有不得人者也。——〈徐無鬼〉

今譯

憑藉著自己賢良的名聲而自居於他人之上，沒有能得到人心的；擁有自己賢良的名聲，卻自居於他人之下，沒有得不到人心的。

注釋

賢：賢良的名聲。

裝不了水的大葫蘆，就沒有用了嗎？

知無用而始可與言用矣。

莊子一再對所謂「有用」和「無用」的問題，作出回應。〈逍遙遊〉中，他針對惠施提出的大葫蘆無用的議論，指出那不過是惠施內心滿是蒿草，不夠靈通：為什麼不能憑大葫蘆浮游江湖，而一定固執於葫蘆是用來盛水的常規呢？可見「有用」和「無用」，是一個如何看待的問題，如此用或許無用，換一方式，或許乃有大用。

這裡，莊子提出了另外一個機智的辯護。「鷦鷯巢於深林，不過一枝」（《莊子．逍遙遊》），你能占據的不過是很小的一塊地方，那是不是就可以將雙足不及的地方都去除掉呢？當然不行！莊子想說的是，「有用」和「無用」是相對而言的，如果你只要所謂有用，拋棄所謂無用，最後有用也是不能成立的。

老子曾論「有」與「無」的關係，與莊子的思考路徑似乎有些相似：「埏埴以為器，當其無，有器之用。鑿戶牖以為室，當其無，有室之用。」（《老子》第十一章）你製作一個器皿，不能僅僅注重它有形的部分，器皿之所以為有用的東西，還在於它所包含的「空」的部分。窗戶的道理是一樣的，**窗框固然有形而有用，但窗更重要的在它敞開的部分，這裡才能容受空氣，容受陽光。**

世界的真實情況，在於這樣的有無之間。

《莊子》原文

知無用而始可與言用矣。夫地非不廣且大也，人之所用容足耳，然則廁足而墊之致黃泉，人尚有用乎？——〈外物〉

今譯

要先知道什麼是沒有用，才能和他談什麼是有用。大地並非不廣大無邊，人所用來站立的卻不過腳掌大的地方而已。然而如果把除了腳底以外的所有地方都往下挖到黃泉，那麼人（腳下的地方）還有用嗎？

注釋

廁足：腳旁的地方。

塹：挖。

走過便能放下，放下就算走過

言者所以在意，得意而忘言。

筌魚、蹄兔（筌者所以在魚，得魚而忘筌；蹄者所以在兔，得兔而忘蹄）都是譬喻，真正要說的是言意。

莊子對人們的言說，懷有深切的不信任。但是不由言語，人們如何溝通呢？《老子》有言曰：「道可道，非常道；名可名，非常名。」（第一章）又說：「知者不言，言者不知。」（第五十六章）都是說言語不能真正而充分地發揮傳達作用。但唐代白居易就對老子的話表示質疑：「言者不如知者默，此語吾聞於老君；若道老君是知者，緣何自著五千文。」（《讀老子》）老子你自己說難以言傳的，還說言傳的人不是真正「知」的人，那你為什麼還寫下五千字的《老子》啊？

如果要老子和莊子來回答，大概會是：雖然言語的傳達不能充分、真正傳達出真意，但這是一個無可奈何的途徑，只要不執著於這個手段，心中清楚，追求的根本目標是「意」而不是「言」，即「言者所以在意」，因「言」而窺「道」，就是了。而在「得意」之後，即可放開語言（忘言），不要死於句下，不要糾纏於手段。試想：你過河走的是橋，已然渡過，但還在橋頭徘徊，你算真正過河了嗎？

《莊子》原文

筌者所以在魚，得魚而忘筌；蹄者所以在兔，得兔而忘蹄；言者所以在意，得意而忘言。——〈外物〉

今譯

設下捕魚的筌，目的是為了魚，捉到了魚，就可以把筌忘掉了；設下捕兔的蹄，目的是為了兔，捉到了兔，就可以把蹄忘掉了；說話的目的是所要表達的意義，明白了意義，所說的話就可以忘掉了。

注釋

筌：捕魚的器具。

蹄：捕兔網。

把話説得太明，不見得能傳達真意

寓言十九，藉外論之。

鯤鵬的故事，既超現實，也很奇詭。「鯤」原來不過是魚，而後驟然變化為鵬鳥，仔細想想，近乎脫胎換骨，當然這也是超凡想像力的結果。在《列子．湯問》篇裡面也有類似的故事：「終北之北，有溟海者，天池也。有魚焉，其廣數千里，其長稱焉，其名為鯤。有鳥焉，其名為鵬，翼若垂天之雲，其體稱焉。」不過，《列子》中，做為魚的鯤與做為鳥的鵬之間，並無變化的關係，大概鯤、鵬轉化的情節是《莊子》的獨想奇思吧。虛構想像的故事，寄寓了提升精神、超然世間的旨趣，不正是一個典型的寓言嗎？

「寓言」這個詞，確實是《莊子》的創造，其中一篇的篇名就是「寓言」。

不過，莊子所謂「寓言」，與今天通常所理解的做為一種文學體式的「寓言」，並非完全等同。莊子的「寓言」，是「藉外論之」，也就是轉借別的話頭來講論自己要表達的意思，後代注家的解說是「意在此而言寄於彼」（王先謙《莊子集解》）。之所以需要另外說一套，而不直接說出來，「非吾罪也，人之罪也」。比如說，父親說自己的兒子如何好，人們通常不能完全接受、信服，覺得是「癩痢頭的兒子自家好」，屬私心偏愛甚至黨同伐異的表現。其實如果自己的兒子真正出色，說了好話又何妨呢？正是因為**莊重的言談，出於種種不那麼恰當的世俗理解，往往無法為人接受**，所以《莊子》要用「寓言」來表達：這世上一塌糊塗，沒法正正經經地說話。（《莊子．天下》：「以天下為沉濁，不可與莊語。」）

原來，「寓言」當初不僅是為了易於感人和文學趣味而產生的啊。

《莊子》原文

寓言十九，藉外論之。親父不為其子媒。親父譽之，不若非其父者也。非吾罪也，

人之罪也。與己同則應，不與己同則反。同於己為是之，異於己為非之。——〈寓言〉

今譯

寓言有十之九，借其他的事例來談論。親生父親不給自己的兒子作媒。父親讚揚兒子，不如父親以外的人的讚揚有力。這不是我的過錯，而是一般人的過錯。和自己意見相同的就應和他，和自己意見不同的就反對他。和自己意見相同的就肯定他，和自己意見不同的就否定他。

為了微不足道的小物，犧牲自己珍重的東西，值得嗎？

以隨侯之珠，彈千仞之雀，世必笑之。

莊子的這段話，是告誡人們重視生命，不要像用貴重的寶珠來彈射鳥雀一樣，將自己最寶貴的生命輕易付出，去追求那些不值得的榮華富貴、名聲地位。這也具有普遍意義，多少人放棄了自己已擁有、真正值得珍惜的東西，只是為了世人認為有價值的東西。

生命中有許多事需要權衡，有許多事需要抉擇，要考慮目標是否正確，要反省代價是否值得。這不是要去培養機心，算計人生，而是要**珍重自己**。

《莊子》原文

以隨侯之珠，彈千仞之雀，世必笑之。是何也？則其所用者重而所要者輕也。

——〈讓王〉

今譯

用隨國君主的寶珠當彈子，去射千仞高空中的鳥雀，世人一定會嘲笑這樣的人。為什麼呢？因為他所用的東西非常貴重，想要得到的卻非常輕微啊。

注釋

隨侯之珠：隨國產的寶珠。

千仞：形容極高。通常以八尺為一仞。

直面欲望，並不是壞事

身在江海之上，心居乎魏闕之下。

中國文化中，隱士歷代不絕如縷。

稍稍分析一下，隱士的情況相當複雜。有真隱，有假隱。最好的隱士，隱入山林水澤，就此完全無影無蹤。還有一種是人們推崇的隱士，歸隱的心意和實踐契合無間，比如陶淵明：「久在樊籠裡，復得返自然。」（《歸園田居》其一）雖然在田園中也有許多艱難，但終究是順遂了自己的本性，「樂天知命」（《歸去來兮辭》）。這些當然是真隱。至於「身在江海」而「心居魏闕」的，則是假隱士了。假隱士最有名的故事便是「終南捷徑」。

唐代的盧藏用，唐高宗時就當隱士，卻隱居在靠近京師長安的終南山，後來因為唐高宗常臨東都洛陽，便又在靠近洛陽的少室山找一隱居處。天子車駕往返於兩京，盧藏用也隨之來往終南、少室二山。如此的一位「隨駕隱士」，其司馬昭之心，路人皆知。武則天執政，他終得被徵，出山做官。當時著名的道士司馬承禎，是盧一同隱居的朋友，好朋友之間不妨說得徹底，盧藏用指著終南山對司馬承禎說：「山中真是好地方！」司馬承禎答：「要我看，那是走向仕途的捷徑啊！」（劉肅《大唐新語．隱逸》：「藏用指終南山，謂之曰：『此中大有佳處，何必在遠。』承禎徐答曰：『以僕所觀，乃仕宦捷徑耳。』」）

貶意之外，對這樣走「終南捷徑」的假隱士，莊子還是寬貸的：如果假隱士們**實在不能克制自己的世俗欲望，那就順從算了**。如果一定要勉強克制的話，便是受二次傷；受二次傷，活不久的。（不能自勝則從……不能自勝而強不從者，此之謂重傷；重傷之人，無壽類矣！）在莊子看來，無論如何，保全生命始終處於首位。

《莊子》原文

身在江海之上，心居乎魏闕之下。——〈讓王〉

今譯

身體處在江海之上，內心卻仍然掛念著朝廷的榮華權勢。

注釋

魏闕：魏國的宮闕，指朝廷。

聽到好話，不用開心；聽到壞話，不必難過

好面譽人者，亦好背而毀之。

當面讚譽，在過去是令人尷尬的事，因為傳統是講究謙遜的。如果一個人敢於當面大肆叫好，總值得疑慮。

《莊子．天地》篇有言曰：「孝子不諛其親，忠臣不諛其君，臣、子之盛也。親之所言而然，所行而善，則世俗謂之不肖子；君之所言而然，所行而善，則世俗謂之不肖臣。」大意是講：如果真是孝子、忠臣，那麼不該諂媚父親、君王，如果對君、父的所作所為一概肯定，那就是不肖之子、不肖之臣。他們的奉承、諂媚，都不是出自真誠，常常是出於自己利益的考慮，而不真正為君父謀劃，雖曰譽之，適足毀之。

不僅當面稱譽，其心可疑，而且既然可以不合常規地當面稱譽，也有很大的可能

會背後詆毀，無論稱譽還是詆毀，反正都不是出自真意，而是視利益需要而定的。既然可以翻掌成雲，自然也可以覆手為雨。這對面諛而背毀的人沒有任何障礙，無論是實際的還是心理的。

莊子對人情的通透了解，於此可見。

《莊子》原文

好面譽人者，亦好背而毀之。——〈盜跖〉

今譯

喜歡當面稱讚別人的人，也喜歡在背後詆毀別人。

再忙，也要留點時間給自己

除病瘦死喪憂患，其中開口而笑者，一月之中不過四五日而已矣。

莊子對人生基本持悲觀的看法。有無數的事要操勞，無數的責任要盡，無數的壓力要承受，無數的困難要面對；你要生病，你要受傷，你要送喪，你要費神，不一而足。人們往往期望好的狀態，期望愉悅的心情，於是排除那些不順心的時日，然而，排除了之後，真相是：高興的時候實在不多，「開口而笑者，一月之中不過四五日」，算起來，就是一星期一天吧。

莊子的論斷倒是很有先見之明，現代社會大約也就每週的休息日屬於自己，那時候比較容易自我滿足，比較容易感到快活啊。

《莊子》原文

人上壽百歲，中壽八十，下壽六十，除病瘦死喪憂患，其中開口而笑者，一月之中不過四五日而已矣。——〈盜跖〉

今譯

人的壽命長的到一百歲，中等的到八十歲，短的到六十歲。在這一生當中，除掉生病、遭遇死亡和憂患的日子，能夠開口歡笑的，一個月裡面不過只有四五天而已。

注釋

瘦：病。病瘦、死喪、憂患，都是同義詞連用。

滋養生命，而不是放縱生命

天與地無窮，人死者有時。

生命有限，瞬息而過，騏驥過隙這個意象，在《莊子》中也是屢見不鮮的，〈知北遊〉中亦有「人生天地之間，若白駒過隙，忽然而已」之語。

面對這個事實，我們該如何面對，才是自己可以把握的事。從總體上說，莊子主張平靜地度過自然的一生，不過，在這個過程中，也應該**盡量稱心快意，何必委屈自己呢？**

不過，這裡有一個分寸，莊子並不是在主張及時行樂。及時行樂，因為知道一切都會過去，所以竭力抓住眼前可能的快樂，這有一種絕望的表情，有一點頹廢的氣味，還有一點囂張的派頭。莊子的快樂是安靜的，是恬然的，是濠梁之上觀魚，而物我同一暢懷。

悅其心志，是滋養生命，而不是縱放生命。

《莊子》原文

天與地無窮，人死者有時。操有時之具，而托於無窮之間，忽然無異騏驥之馳過隙也。不能說其志意、養其壽命者，皆非通道者也。——〈盜跖〉

今譯

天與地無窮無盡，人的死亡來臨卻是有一定期限的。以這時日有限的形體，寄託在無窮的天地之間，不過瞬息生滅，就如同千里馬奔馳，越過窄小的縫隙一樣迅速。但凡不能做到稱心快意、保養壽命的，都不是通達大道的人。

注釋

操有時之具：秉持著時日有限的形體。

騏驥：傳說中的千里馬。

跟自己過不去，最後受傷的也是自己

不知處陰以休影，處靜以息跡，愚亦甚矣！

莊子是一個敏感的人，敏感的人對光影一定會癡迷。莊子多次談及形與影的關係，比如〈齊物論〉最後莊生夢蝶一節的前面，就有關於影子的一番對話，影子說，我也不知道為什麼總是依傍而行。

此處逃影的情節似乎更有意趣。影隨形動，形影不離，要消除痕跡，只有從根源處著手，那就是「處陰以休影」，自我不那麼顯耀，影跡自然也就消失。移說現世，即應虛己而遊。

《莊子．山木》篇有一段，說行船水上，如果有條空船漂過來，撞在船上，即使是性情急躁的人也不會對著空船發怒，但如果有一個人在船上，原來船上的人就會張口呼喊。喊一聲聽不到，喊兩聲也聽不到，喊第三聲時就一定會忍不住口出惡言了。從不發怒到發怒，就是因為當初船上無人，現在船上則有人了。**人如能虛己而遨遊於世，誰還能對他造成傷害呢？**（方舟而濟於河，有虛船來觸舟，雖有惼心之人不怒。有一人在其上，則呼張歙之。一呼而不聞，再呼而不聞，於是三呼邪，則必以惡聲隨之。向也不怒而今也怒，向也虛而今也實。人能虛己以遊世，其孰能害之！）

虛己，就不奔競於外；虛己，就不徒耗形神；虛己，就合體於自然大道。

《莊子》原文

人有畏影惡跡而去之走者，舉足愈數而跡愈多，走愈疾而影不離身，自以為尚遲，疾走不休，絕力而死。不知處陰以休影，處靜以息跡，愚亦甚矣！——〈漁父〉

今譯

有個人害怕自己的影子，厭惡自己的足跡，想要拋棄它們逃開。他越是抬腳奔走，足跡就越多；跑得越快，影子越不肯離身。他以為是自己跑得還太慢，於是拚命地奔跑不休，最終筋疲力盡而死。這人竟不知道走到陰涼的地方就能使影子消失，安靜地停止就能使足跡消失，也太愚蠢了！

注釋

跡：腳印。

數：多。

遲：慢。

「真情」不在形式，而在內心感受

眞者，精誠之至也。

道家非常基本的一個方向，就是「真」。某種程度上與儒家所著力突出的「善」，可以相互對照。

所謂「眞」，就是本眞，就是保守原初的情態，不扭曲，不造作，一任率眞。下面所列舉的「強」，就是「勉強」，正是委屈虛假的表現，所以那都是不能動人的。發自真情的喜怒哀樂，並不一定在意外在表現的形式，你能說那些專職為人哭喪的人，其嚎哭聲證明他們比喪主更悲痛？

不重外在形式，關鍵在於內心的實質。《莊子》後文中還提到：飲酒以快樂為關鍵，居喪以哀傷為關鍵（飲酒以樂爲主，處喪以哀爲主）。故而飲酒意在追求快樂，所以不必講究酒具如何；居喪以悲哀為要，所以不必講究禮法（飲酒以樂，不選其具矣；處喪以哀，無問其禮矣）。

竹林七賢之一的阮籍，可謂實踐「真」的典型。阮籍父親早死，他對母親極孝順，母親去世時，他正與別人下棋，對方表示不要再下了，阮籍卻不答應。後來飲酒兩斗，大叫一聲，吐血幾升。到母親要下葬時，阮籍吃了蒸乳豬，又喝了兩斗酒，而後去與母親作最後的訣別，大聲一叫，又吐血幾升，形銷骨立，幾乎沒命。（《晉書．阮籍傳》：「性至孝，母終，正與人圍棋，對者求止，籍留與決賭。既而飲酒二斗，舉聲一號，吐血數升。及將葬，食一蒸肫，飲二斗酒，然後臨訣，直言窮矣，舉聲一號，因又吐血數升，毀瘠骨立，殆致滅性。」）

阮籍看起來真是不守禮法，母親死了繼續下棋，又吃肉飲酒，但他的感情無疑是最真的，他的哀傷不是表現在遵從世間喪禮方面，而以形銷骨立的外貌變化，透露出最強度的傷心絕望，實踐了《莊子》所謂居喪的核心意義。

《莊子》原文

真者，精誠之至也。不精不誠，不能動人。故強哭者，雖悲不哀；強怒者，雖嚴不威；強親者，雖笑不和。真悲無聲而哀，真怒未發而威，真親未笑而和。——〈漁父〉

今譯

所謂真，就是精心誠意的極致。不精心誠意，就不能打動人。所以，勉強哭泣的人，雖然悲傷卻並不哀痛；勉強發怒的人，雖然嚴厲卻沒有威勢；勉強表示親切的人，雖然笑臉相迎卻並不和氣。真正的悲痛，就算沒有哭聲，也是哀傷的；真正的發怒，還沒有發作就已經威勢逼人；真正的親切，還沒有笑就已經讓人感到和氣了。

「不帶走一片雲彩」的逍遙人生

吾以天地爲棺槨，以日月爲連璧，星辰爲珠璣，萬物爲齎送。

莊子對於生死問題，在理念上有清楚的認識。不過，觀念與實踐畢竟是兩回事，多少人想得到，做不到。莊子「鼓盆而歌」，可以算是生活中的一次實踐。然而，關涉別人（即使這人是與自己共度半生的太太）與關涉自己畢竟還是不同，多少人是旁觀時清，當局時迷。

莊子面對自己的最後歸宿，表現出來的忠於自己理念的清醒態度，真正讓人信服。他拒絕了弟子們要厚葬他的計畫，說出上面這番對他極自然，對別人卻驚心的話。隨後的對答更坦白，也更驚心動魄。弟子說：「這樣的話，我們怕烏鴉、老鷹來吃您啊。」莊子答：「地上為烏鴉、老鷹吃，地下被螻蛄、螞蟻啃，奪那邊的食物給這邊，多麼偏心啊！」（弟子曰：「吾恐烏鳶之食夫子也。」莊子曰：「在上爲烏鳶食，在下爲螻蟻食，奪彼與此，何其偏也！」）

莊子的態度出乎常情，但這確實是徹底實踐其生死觀念的自然結果。況且，從實際的經驗來看，莊子也是聰明的。厚葬沒有好結果，歷來多有論者。《呂氏春秋》有〈安死〉一篇，說如果在石上銘刻，昭告世人這下面有許多珍寶，一定會被人笑話，而厚葬與此不是一回事嗎？「自古及今，未有不亡之國也，無不亡之國者，是無不揚之墓也。」那麼薄葬如何呢？宋代張耆和晏殊遺言不同，張厚葬而晏薄葬。後來盜墓賊在張墓中所獲甚多，還沒迫近棺槨，已經拿不下了，於是退走；晏殊墓中只有瓦器數十具，盜賊花了大氣力，卻得不償勞，惱羞成怒，用斧頭敲碎了這位大詞人的遺骨。（邵博《邵氏聞見後錄》）

厚葬不行，薄葬也有此不虞之禍，那還不如就不葬！

《莊子》原文

吾以天地為棺槨，以日月為連璧，星辰為珠璣，萬物為齎送。吾葬具豈不備邪？

——〈列禦寇〉

今譯

我把天地當作棺材，把日月當作雙璧，把星辰當作珠玉，把萬物當作陪葬。我的葬禮器具還不夠充分嗎？

注釋

槨：套在棺木外的外棺。

齎送：贈送之物。這裡指陪葬品。

後記

中國傳統最講究知人論世，可到了莊子這裡，則基本失效：古往今來那麼多學人翻來覆去研究，也沒能論定他究竟生於何時、走於何日，簡直鬧不清他那麼多奇奇怪怪的想法，是因為耳聞目睹了何等現實，受了何等刺激。

對於以語言文句喋喋不休傳達自己的想法，莊子和他的前輩老子一樣，抱持著大大的懷疑態度。他明確無誤地說過，那些能記寫下來、傳諸後世的基本就是「糟粕」。如果他的思想由何而生都曖昧不明，而他留下的這些文句竟未必是其本人真確的意思，那我們拿莊子怎麼辦呢？

不得已，不妨借莊子的話頭引發自家的浮想，借莊子的酒澆自己的塊磊。

這冊小書，雖然淺率，卻真是讀著《莊子》的文句，隨心漫衍而成的。

不過，莊子與老子頗有一點兒不同：老子就是一位寫警句的高手，五千言滿紙皆是格言；而莊子要算寫段子的行家，一則則寓言故事讓人目不暇接。段子裡固然不乏妙言警句，終究得稍稍費些眼力；雖然，選擇也主要是隨著自己高興，一路採擷而已。

這些文字，是十年前草就的，在我任教的大學的出版社印過。很高興，十年之後，出版社願意給予重裝面世的機會。高興之餘，我當然知道，他們的熱情和信心不是因為我，而是因為莊子。

國家圖書館出版品預行編目 (CIP) 資料

世界越亂，心越靜——讀《莊子》就好
陳引馳 作・初版・新北市・野人文化出版
遠足文化發行・2019.09
288 面；14.8×21 公分
ISBN 978-986-384-374-0（平裝）

1. 莊子 2. 通俗作品

121.33 108013236

野人文化官方網站
野人文化讀者回函

世界越亂，心越靜——讀《莊子》就好
Eastern Philosophy：Zhuang Zi

作者 陳引馳

野人文化股份有限公司
社長 張瑩瑩
總編輯 蔡麗真
主編 蔡欣育
責任編輯 王智群
校對 魏秋綢
行銷企劃 林麗紅
封面設計 萬勝安
內頁設計 劉孟宗
目錄插畫 陳若蓁

讀書共和國出版集團
社長 郭重興
發行人兼出版總監 曾大福
業務平臺總經理 李雪麗
業務平臺副總經理 李復民
實體通路協理 林詩富
網路暨海外通路協理 張鑫峰
特販通路協理 陳綺瑩
印務 黃禮賢、李孟儒、王雪華

出版 野人文化股份有限公司
發行 遠足文化事業股份有限公司
地址：231 新北市新店區民權路 108-2 號 9 樓
電話：(02) 2218-1417
傳真：(02) 8667-1065
電子信箱：service@bookrep.com.tw
網址：www.bookrep.com.tw
郵撥帳號：19504465 遠足文化事業股份有限公司
客服專線：0800-221-029
法律顧問 華洋法律事務所蘇文生律師
印製 成陽印刷股份有限公司
初版 2019 年 9 月

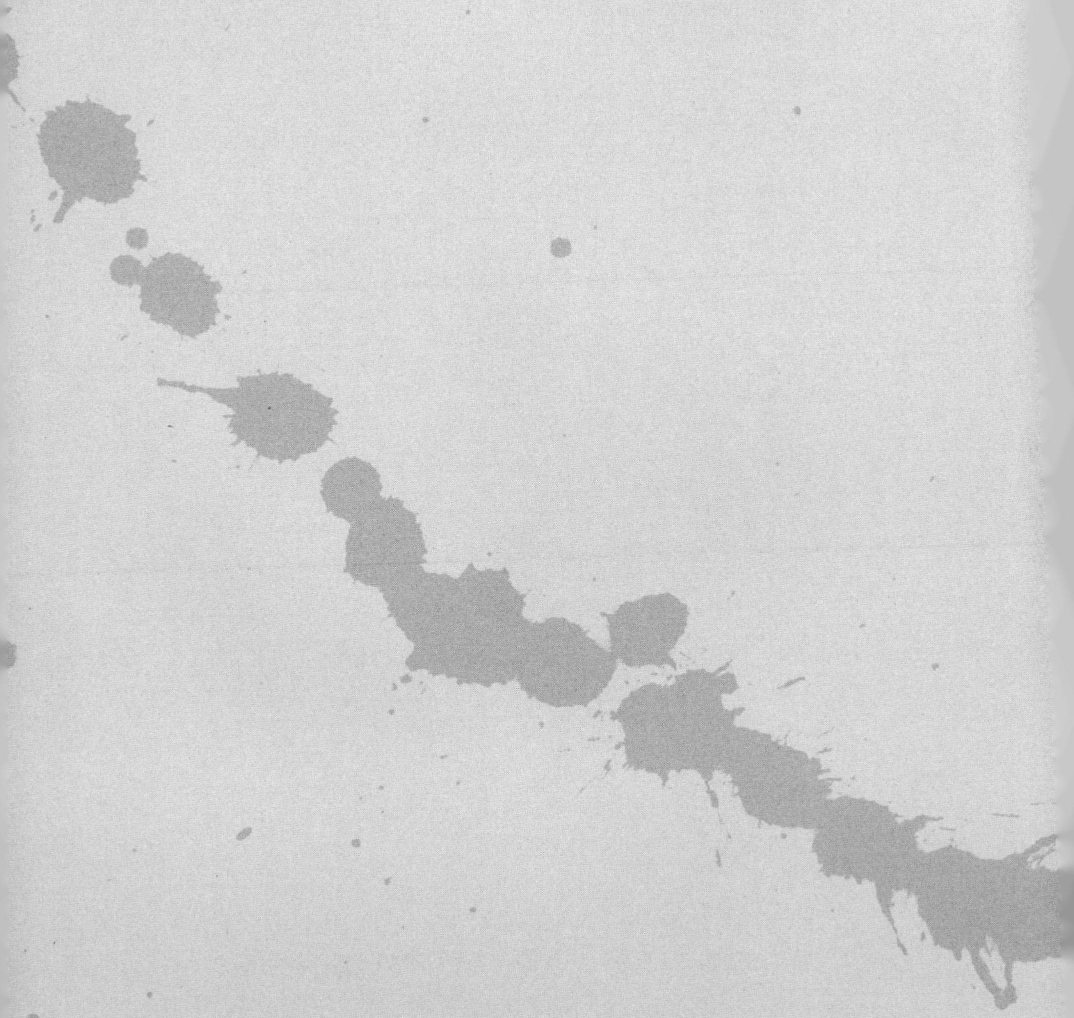

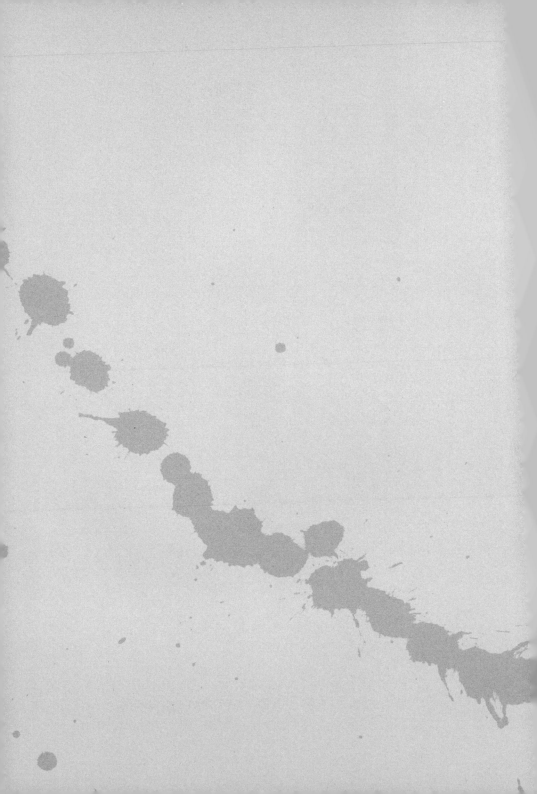